グローバル人材に贈る
プロジェクトマネジメント

關谷武司　大迫正弘　三好崇弘

グローバル人材に贈る
プロジェクトマネジメント

はじめに

　本書の目的は、入門レベルの読者に対してプロジェクトマネジメントの考え方とツール（道具）を紹介することにあります。プロジェクトとは、今までにやったことのない新たなことに挑戦する事業のことです。エジプトのピラミッドや中国の万里の長城、人間を初めて月に送ったアメリカのアポロ計画などが、プロジェクトの例としてよく引き合いに出されます。このような大事業でなくても、われわれの身の回りにはプロジェクトがたくさんあります。家やビルの建設も、設計、施主、立地などが毎回異なる初めての事業だから、プロジェクトです。旅行やイベントも、大学受験や就職活動も、震災復興も、プロジェクトです。そして、前例のない新たなものを創造する試みだから、プロジェクトを成功させるのは難しいのです。日常業務の仕事のやり方は通用しません。KKD（勘と経験と度胸）に頼っていても成功は覚束ないものです。そのためにプロジェクトマネジメントという知識体系が生み出されました。

　プロジェクトマネジメントは、プロジェクトを行なううえで有効な考え方とツールからなっています。プロジェクトマネジメントの考え方の基本は論理性です[*]。現状を論理的に分析し、改善策を論理的に導きだし、論理を積み上げて計画を立て、実行し、実行した結果を論理的に評価します。そのため、プロジェクトマネジメントを学ぶことはロジカル・シンキングを学ぶことにもなります。筆者らは大学でプロジェクトマネジメントの講義をすることも多いですが、その際、グループ演習をし、ステップごとに必ず学生さんたちに成果品の発表をしてもらいます。人前での発表に慣れていないために、最初は戸惑った様子だった受講者も、何度も繰り返すう

---

[*]　プロジェクトマネジメントの"考え方"は、深く立ち入っていくと社会開発思想や経営思想といった思想の議論になる。また、論理性に関しても、演繹的アプローチと帰納的アプローチの違いといった、多分に文化や思想にかかわる議論になる。興味深い議論ではあるが、本書は初学者を対象としているために、これらの議論は割愛する。

ちに実に立派な発表をするようになり、ひとりひとりの顔に自信が満ち溢れてきます。数カ月前まで高校生だった1年生も、見事な発表をします。なぜそれが可能なのか。それは、論理の枠組みが与えられているからです。頭の中で、そして目の前の成果品の中で、みんなの考えが明確に論理的に組み立てられているために、理解度も高く、発表もしやすいのです。

　筆者らは学生時代に、「思ったままに書きなさい」とか、「思ったままに話しなさい」といった指導を受けてきました。ですが、何の枠組みもない中で、自由に、思ったままに書いたり話したりすることは実は非常に難しいことです。そのようにして話すことを強要され、失敗経験ばかりを繰り返してきて、われわれは話しべた、発表べたになりました。世界がグローバル化し、外国人と接する機会が増える中で、日本人は外国人と議論ができないとよく言われます。そのようになった原因の一端は、論理の枠組みを与えないで考えさせようとしてきた教育にもあるように思われます。論理は万国共通です。論理的に考え、論理的に話し書くことによって、文化的・社会的背景の異なる人々とのコミュニケーションも可能になります。

　本書では、ツールを通してプロジェクトマネジメントを学び、プロジェクトマネジメントを通してロジカル・シンキングを学びます。いずれも、グローバル社会における共通言語です。特に、これから国際社会で活躍する若い世代の人たちにとっては必須のツールとなるでしょう。また、プロジェクトがもたらすであろうよりよい未来を思い描きながら、ひとつひとつ論理を積み上げていくのは、エキサイティングで楽しいことでもあります。本書を通して、読者の皆さんと少しでもこの楽しさを分かち合えることを、心から願っています。

　　　2013年2月　ダッカにて

　　　　　　　　　　　　　　　　　　　　　　　　　　　　大迫　正弘

目　次

はじめに　iii

第1章　プロジェクトマネジメントを学ぶ意義 ………………… 1
1.1　グローバル化する世界と日本の課題　2
1.2　世界で日本人が話せない理由　5
1.3　ある関西の学生たちのプロジェクト『Heart on Coin "絆"』　6
1.4　成功するために欠かせないこと　9

第2章　プロジェクト・ライフサイクル・マネジメント ………… 11
2.1　プロジェクトとは何か　12
2.2　プロジェクトマネジメントとは何か　17
2.3　プロジェクトマネジャー　19
2.4　プロジェクト・ライフサイクル　20
2.5　計画プロセスの重要性　23
2.6　プロダクト・ライフサイクル　25
2.7　プロジェクト・ライフサイクル・マネジメント　27
2.8　参加型プロジェクトマネジメント　30
2.9　仮想プロジェクトの概要　32

第3章　立ち上げ ……………………………………………… 35
3.1　立ち上げプロセスの概要　36
3.2　問題解決型と機会発見型　37
3.3　PCM　38
　　3.3.1　PCM1：関係者分析　40

3.3.2　PCM2：問題分析　44
3.3.3　PCM3：目的分析　46
3.3.4　PCM4：プロジェクトの選択　49
3.3.5　PCM5：ログフレーム　54

第4章　計　画　　　63

4.1　計画プロセスの概要　64

4.2　WBS　66

4.3　スケジューリング　71
　　4.3.1　人員と資機材の洗い出し　71
　　4.3.2　所要期間見積もり　73
　　4.3.3　作業順序設定　77
　　4.3.4　クリティカル・パス　80
　　4.3.5　バーチャート　86

4.4　人的資源計画　88

4.5　コスト見積もり　94

4.6　コミュニケーション計画　97

4.7　リスク管理計画　101

4.8　活動計画表　109

第5章　実　行　　　113

5.1　実行プロセスの概要　114

5.2　実行管理の思考法　115
　　5.2.1　ビジョニング　116
　　5.2.2　集約と分割　117
　　5.2.3　ポイント・オブ・マネジメント　119
　　5.2.4　ローリングウェーブ　121

5.3　実施体制づくり　123
　　5.3.1　実施体制（役割の認識）　123
　　5.3.2　動機づけ　130
　　5.3.3　チームビルディング　137

5.4　モニタリング　143
　　5.4.1　モニタリング・サイクル　144

        5.4.2　モニタリング・システム　148
        5.4.3　コミュニケーション　154
        5.4.4　変更管理（紙のログフレーム、心のログフレーム）　157
    5.5　改善活動　159
        5.5.1　内部評価　160
        5.5.2　改善活動　162

第6章　終　結　…………………………………………165

  6.1　終結プロセスの課題と心構え　166
      6.1.1　プロジェクトの有期性と効果の持続性　166
      6.1.2　終結プロセスは立ち上げから始まっている　167
      6.1.3　プロジェクトの役割（後世のプロジェクトのために）　167
  6.2　プロジェクト効果の持続　168
      6.2.1　持続性にかかるビジョンづくり　168
      6.2.2　人材の育成　169
      6.2.3　組織の育成　170
      6.2.4　定常業務への組み込み　172
  6.3　評価　173
      6.3.1　評価の準備　173
      6.3.2　評価の実施　177
      6.3.3　評価の完了　179
  6.4　終結　180
      6.4.1　終結の確認　180
      6.4.2　ファイリング　181
      6.4.3　解散・撤収　182

第7章　包括的マネジメント　……………………………183

  7.1　包括的マネジメントの必要性　184
      7.1.1　より高度な目的　184
      7.1.2　自由で複雑化した関係者の関係　185
      7.1.3　戦略的組織運営とプロジェクトマネジメント　186
  7.2　プログラムマネジメント　186
      7.2.1　プログラム目標の設定　187
      7.2.2　プログラム分析　189
      7.2.3　漸進的プログラム化活動　191

7.2.4 戦略的プログラム化　193
7.3 組織的プロジェクトマネジメント　199
　7.3.1 PMOの設置　200
　7.3.2 PMOの運営　202

補　遺　……………………………………………205

補遺1　SWOT　206
補遺2　代替案比較手法（財務モデル）　209
　補遺2.1　回収期間　209
　補遺2.2　投資収益率　210
　補遺2.3　正味現在価値　211
　補遺2.4　内部収益率　214
補遺3　システム思考　217
補遺4　リスクの例　221
補遺5　所要期間見積もり（3点見積もり）とリスク　222

あとがき　225
索　引　229

第1章

プロジェクトマネジメントを学ぶ意義

第1章 プロジェクトマネジメントを学ぶ意義

「プロジェクトのマネジメント!? 自分には関係ない」と思われる人は多いかもしれない。今たちまちビジネスや国際協力に関係する立場になく、必要に迫られていない人たちには、それは何か特殊な知識と映るのではないか。しかし、多くの日本人、特にこれから国際社会へ出て行く日本の若者にとって、プロジェクトマネジメントを学ぶことは実は非常に有益なことなのである。第2章以降の内容に進む前に、グローバル化時代に活躍が期待される若い世代がプロジェクトマネジメントを学ぶ意義について触れておきたい。

1.1 グローバル化する世界と日本の課題

　総務省が提供している国勢調査の結果を見ると、我が国の人口は明治以降ほぼ一貫して増加してきた。しかしながら、国立社会保障・人口問題研究所によれば、それは現在をピークに、今後は急激な減少に転じていくことが推定されている。問題なのは、それがただ単に減少するからではなく、図1-1に見るように、人口ピラミッドの構造が著しく変化していくことにある。

　第2次大戦後の1950年では、15歳以下の人口が総人口に占める割合は35.4％であった。それが2010年には13.5％に減少し、この先2050年には8.6％まで低下すると推計されている。他方、65歳以上の割合は1950年の4.9％から、2010年には22.1％と著しく増加し、2050年には39.6％に達すると推計されている。

　2010年度の一般会計予算の歳出を見ると、社会保障分野がトップで29.5％に上り、国債費が22.4％と続いている。それらに圧迫される形で、日本の将来への投資とも言える文教および科学振興のための予算はわずか6.1％である。これはOECD（Organisation for Economic Co-operation

第1章　プロジェクトマネジメントを学ぶ意義　3

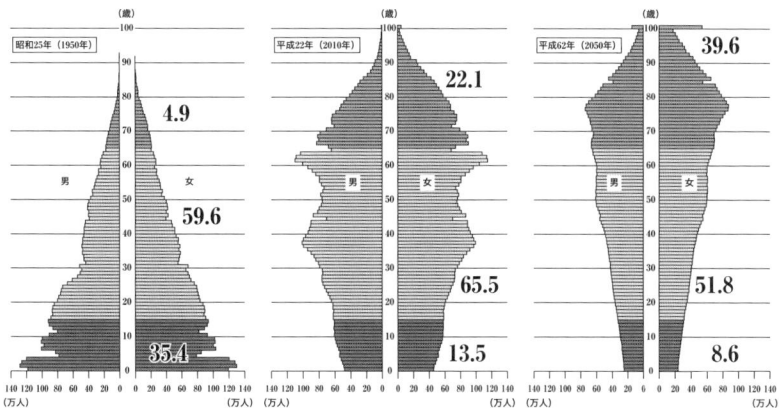

図 1-1　日本の人口ピラミッドの変化

注）昭和 25 年のデータは国勢調査結果による。平成 22 年および 62 年のデータは、国立社会保障・人口問題研究所の「日本の将来推計人口（平成 18 年 12 月推計）」の中位推計による。
http://www.stat.go.jp/data/kokusei/2010/kouhou/useful/u01_z24.htm
階層別人口のパーセントは筆者加筆。

and Development：経済協力開発機構）加盟国の中で見ても最低水準にある。日本社会の将来を支える子どもたちが少数であるがゆえに、精鋭に育て上げなければいけないのだが、その国際競争力は大丈夫なのか。

国際教育到達度評価学会（IEA: The International Association for the Evaluation of Educational Achievement）が小・中学生を対象に国際比較教育調査を行なっている。これは TIMSS（Trends in

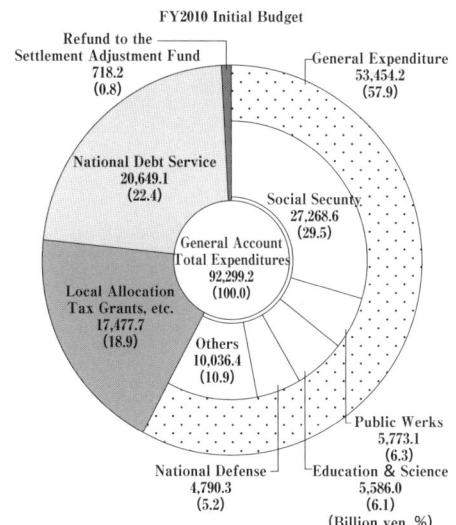

図 1-2　2012 年度一般会計予算（歳出）

注）http://www.mof.go.jp/english/budget/e20091225a.pdf

International Mathematics and Science Study）と呼ばれ、学校教育で得た知識や技能がどの程度習得されているかを評価するための調査である。この結果を見ると、日本の子どもたちの理数科の成績は、国際的に見て上位にはあるものの低下傾向を示してきた。たとえば、中学校2年生の理科の成績を年代経過とともに見てみると、1位（1970年）→2位（1983年）→3位（1995年）→4位（1999年）→6位（2003年）と推移してきた。その後、いわゆる「ゆとり教育」批判が声高に叫ばれるようになり、このところは、3位（2007年）、4位（2011年）といくぶん持ち直し気味に推移している。

危惧される要因はほかにもある。首相府に設置されたグローバル人材育成推進会議は、2004年以降海外へ留学する日本人学生が減少に転じていることを指摘している。中国、アメリカ、インド、韓国などが一貫して増加傾向にあるのとは対照的で、「現状のままでは、我が国はBRICs*やVISTA**といった新興国の台頭等、変化の激しいグローバル化時代の世界経済の中で『日本のガラパゴス化』が懸念され、緩やかに後退するのではないか」、という危機感を表明している。

人材以外にこれといった資源のない日本。今、将来を担うべき子どもたちは減り続け、学力は世界のトップではなくなり、グローバル化が進行する国際社会に背を向けつつある。このままでは日本の将来はどうなるのか。産・官・学がスクラムを組んで、グローバル化する世界で活躍できる人材を育成しなければならない。あと回しにできない日本の重要課題の1つである。

---

* BRICsとは、経済発展が著しいブラジル（Brazil）、ロシア（Russia）、インド（India）、中国（China）の頭文字を合わせた4カ国の総称である。
** VISTAとは、BRICsに続く新興成長国グループとしてエコノミストの門倉貴史氏が提唱している略称。ベトナム（Vietnam）、インドネシア（Indonesia）、南アフリカ（South Africa）、トルコ（Turkey）、アルゼンチン（Argentina）の5カ国。

1.2 世界で日本人が話せない理由

　一般的に、日本人は外国人と議論することが苦手である。学生交流などにおいても、相手に一方的に押されるばかりで発言できない日本の学生。その理由は、語学ができないだけであろうか。英語が母国語でない国、たとえばトルコの学生と交流していても互角に議論できないのを見ていると、聞き上手に育て上げる日本の教育の負の側面かとも思われる。いや、そもそも国際問題や社会問題に無関心で、語るべき内容をもちえていない者も多い。世界190カ国以上ある中で、最も恵まれた環境にありながら、最も勉強しない大学生なのではないかとすら思わされることもある。しかし、学生たちの国際交流の様子を見ていると、それらだけではないことに気づかされる。論理展開についていけないのだ。

　日本人は、ずいぶん長い時間、外国と国境を接することのない島国に暮らしてきた。その結果、世界的な視点で見ると、単一言語、共通文化、共通価値観という同じコンテキストの中にどっぷりと浸かって日々を過ごしている。そこでは、わざわざ論理立てて考え、相手に筋道立てた説明をする必要もない。自分と異なる異邦人と対峙する場が欠如しているのである。だから、自分はどういう人間なのか、自分の住む国はどういう国なのか、考えたこともない。

　世界は日本とは違う。それは世界が優れていて、日本が劣っているという意味ではなく、異なるのだ。もちろん、アジアやラテンアメリカなど、日本と何か情緒的な共通点をもつ地域もあるが、日本と同じ国はない。世界がグローバル化するということは、そういう違う国どうし、違う人どうしの接触が密になるということである。そこには極めて多様な歴史や文化、価値観が存在し、共通理解を得るには互いに納得できる論理的思考が不可欠である。逆に言えば、論理的思考ができることはグローバル人材になるための必須条件の1つとも言えるのではないか。

　プロジェクトの企画・立案、運営、モニタリング、評価というマネジメントはまさに論理の積み重ねである。それを学ぶことは格好の論理的思考トレーニングなのである。大学でプロジェクトマネジメントのワーク

ショップを集中的に3日間くらい行なうと、受講学生は「これまでこんな風に頭を使ったことがない」「もう頭が疲労困憊」と口々に言う。しかし、そのあとすぐに、「このツールを使って、ぜひ実際にプロジェクトを企画・運営してみたい」と目を輝かせる。

1.3　ある関西の学生たちのプロジェクト『Heart on Coin "絆"』

2011年3月11日、東北地方太平洋沖地震が発生した。あまりにも多くを失い、厳しい寒さの中ただ耐えて命をつないでいる被災者の様子がテレビに映し出される。黙って通り過ぎることはできないという思いにかられた学生が集い、3月16日「Heart on Coin "絆" プロジェクト」を立ち上げた。

彼らは何を考えたか。「一刻も早く泥かきに駆けつけたい」という衝動に駆られながら、彼らが大学の一室で行なったのは、ボードとポストイット、マジックを手に参加型での精力的なワークショップであった。

そこでは、次のように議論が整理されていった。

1) 阪神淡路大震災の教訓のレビュー
　「これだけの規模の災害となれば、必要な支援は必ず長期化する」
　「阪神大震災では、支援者側の記憶の風化が被災者を孤立させた」
2) 自分たちの強みや弱みの分析
　「行動力はあっても東北に長期滞在するわけにはいかない」
3) 現場ニーズの検討
　「物品はかさばり、送料もかかるうえ、仕分けの作業まで発生する」
　「現地を再生する意味でもお金の支援が有効」
4) 目標の設定と活動内容の決定
　「自分たちと同じ歯がゆい思いをしている人が世界中にいるはず」

そして、彼らは次のようなプロジェクト・コンセプトをつくり上げた。

「『"心"と"心"を繋ぐ顔の見えるお金の支援』を中心に活動を続けよう。誰がどのような経緯や想いをもってそのお金を募金したのかをメッセージと

写真 1-1　プロジェクト事務室におけるワークショップの様子

して被災地の方々に伝え、そして、どこでどのようにそのお金が使われたかを支援者の方々に報告することで顔の見える支援を実現しよう。被災地の方々には、応援している人の想いが伝わることで気持ちを奮い立たせていただきたい。支援者の方々には、お金の届け先や相手の様子がわかることで、震災で多くを失った方々を忘れないでほしいという願いを込めよう」。

プロジェクトのデザインとしては、次のような計画を立てた。

- ◆ スーパーゴール　：復興をなしとげる
- ◆ 上位目標　　　　：被災者と支援者の間に人的ネットワークができあがる
- ◆ プロジェクト目標：メッセージつきの義援金で被災者の気持ちが奮い立つ

プロジェクト目標を達成するための活動は、災害後のニーズは短期間で急激に変化することと、自分たち学生のライフスタイルも目まぐるしく変わることを念頭に、3カ月を1つのタームとして計画した。プロジェクト立ち上げ時の第1タームの活動は以下のとおりである。

ターム目標：プロジェクトの基盤をつくる
1) コアメンバーの形成
2) プロジェクトオフィスの設置

写真 1-2　被災地宮城県の中学校への義援金とメッセージ手渡し

3）提携先の発掘
4）Web サイトの開設（日・英・仏・西・独）
5）国内外からの支援の受け取り
6）被災地へ義援金とメッセージを届ける
7）マスメディアへの広報

　彼らはモニタリングと評価を繰り返しながら、すでに 7 つのタームを終えた。これまでの成果として、41 カ国からの 469 通のメッセージと 469 万円の義援金を被災地の 15 の小・中学校へ届けた。現地入りは、西宮市教育委員会との連携をはじめ、16 回を数える。去年からは、大阪平野ロータリークラブ、国際ソロプチミスト芦屋、神戸・芦屋・仙台キワニスクラブなどの公益性の高い団体等に現地ニーズ情報の提供を行ない、支援を得ている。
　彼らは最初から超エリート学生だったわけではない。プロジェクトマネジメントの授業を受講し、国連学生ボランティア[*]などのプログラムで開発

---

*　関西学院大学が国連ボランティア計画と協定書を交わし、授業として学生を開発途上国へ 5 カ月間派遣するプログラムである。2004 年からスタートし、2012 年までに 15 カ国へ 68 人を派遣してきた。

途上国における実践経験を積んできた者たちと、そういう先輩たちに続こうとする後輩学生たちである。彼らが論理を積み重ねてプロジェクトマネジメントを継続してきたことで、ここまでの活動と、それを通した人間的な成長をとげてきたのだ。

1.4　成功するために欠かせないこと

　国際協力の場合を取り上げてみよう。国際協力とは、相手の通常の活動への改善を目指した外からの介入である。相手を無視した独善的なものではいけない。財政支援などの協力者がいる場合には説明責任もともなう。しかるに、学生のボランティア活動にしろ、NGO の活動にしろ、自分たちの気持ちが先行するあまり現地の状況やニーズの把握が不十分なまま、ひとりよがりな活動となってしまっているケースが散見される。中には、終わりのない行き当たりばったりの活動の結果、はじめの目標との乖離が甚だしく、実施者ですら今後何をいつまでやるのかわからなくなってしまっている団体もある。

　前項の震災被災者への支援活動プロジェクトでは、学生たちがまずはじめに行なったのは過去の教訓のレビューである。そして、自分たち自身の特性を分析し、現地のニーズにどうマッチした活動が可能かを検討している。そのうえで期間を区切り、着実に活動を積み上げて成果に結びつけている。さらに、自分たちの活動をしっかりモニタリングして柔軟な軌道修正を行ない、評価報告書という形で支援者に公表している。

　何かを達成するには、情報の分析・判断、企画・実施、モニタリング・評価というプロセスが欠かせない。これはビジネスの場合でも同じである。思いつきだけで成功は見込めない。社会に貢献し利益をあげるためには、綿密な調査に基づいて目標とそれを達成する活動を立てなければならない。進捗を管理するためにモニタリングを実施する必要がある。節目では評価を行ない、成功事例は通常の活動に組み込んでいく。

　こういうノウハウをツールとしてまとめたものが、本書で解説されているPCM（Project Cycle Management）であり、PMBOK®（Project Management

Body Of Knowledge）である。これらは国際協力の世界やビジネス界で広く用いられている。これからグローバル化した世界を舞台に活躍することが期待される若者には、非常に有用なツールである。ぜひとも身につけて活用してもらいたいと強く願う。そして、その実践を通してグローバル人材に成長していってほしい。

　さて、次章以降、その内容について学んでいこう。

第2章

プロジェクト・ライフサイクル・マネジメント

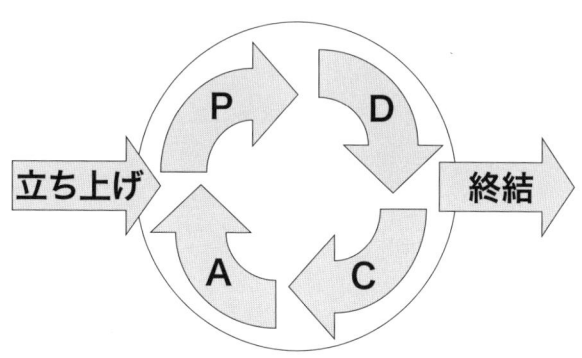

第2章 プロジェクト・ライフサイクル・マネジメント

まず、ひとつひとつの言葉の定義を確認しておきたい。定義というと、本編に入る前の枕くらいにしか思っていない人が多いようだが、定義を甘く見てはいけない。定義を知らないばかりに無用な混乱を生むこともあれば、プロジェクトの舵取りを間違うこともある。「プロジェクトがうまくいかない原因としては、十分な時間をとらなかったことよりも、定常業務とプロジェクトとの違いを区別しなかったことの方が大きい」[*]という指摘もあるくらいだ。

2.1 プロジェクトとは何か

まず、「プロジェクトとは何か」である。プロジェクトマネジメントの実質的な世界標準となっているPMBOK®（ピンボック）[**]では、プロジェクトは以下のように定義されている。

> プロジェクトとは、独自のプロダクト、サービス、所産を創造するために実施する有期性のある業務である。
> 　　　　　　　　　　　　　　　　（PMBOK® ガイド第4版、2008年）

「独自」は英語では「ユニーク」。つまり、唯一の、前例がない、という

---

[*] 『世界一わかりやすいプロジェクト・マネジメント』サニー・ベーカー、キム・ベーカー、G. マイケル・キャンベル（総合法令、2005年）

[**] PMBOK®(Project Management Body Of Knowledge)は、米国のPMI®(Project Management Institute) が定めたプロジェクトマネジメントの米国標準であり、実質的な国際標準である。防衛や宇宙開発といった工学系のプロジェクトの経験の中から生まれたものだが、その適用範囲は工学系にとどまらず、あらゆるプロジェクトを対象にしている。

こと。したがって、プロジェクトはこれまでに生み出したことのないユニークな製品や財やサービスを生み出す業務である、ということになる。前例のないものを生み出す試みだから「創造」する業務なのである。また、「有期性」とは期間の定めがあるということ。締め切りがあるということだ。まとめると、プロジェクトとは、「前例のない独自な製品や財やサービスを定められたある一定期間内に創造する業務」、ということになる。

たとえば自動車メーカーの例を考えてみよう。ある車種が製造ラインの上を流れて、毎日、100台、200台と、流れ作業で車が製造されているとする。これは同じ種類の車を毎日つくり続ける業務で、経営者はこの業務を可能な限り長く続けたいと思っている。この仕事は目的が独自でもなければ期間の限りもない。したがってこれはプロジェクトではない。こういう仕事は「定常業務」と呼ばれる。

ところがあるとき、排ガス規制の強化法案が国会を通過したとする。施行は1年後。こうなると、今ラインを流れている車は市場に出せなくなる。1年以内に新しい排ガス規制に適合した新車を開発する必要がある。そこでこの会社は、エンジン部門、車体部門、電気系統部門などから人材を集めてチームをつくり、新車開発に取りかかる。期限は法案が施行される1年後だ。これは、新車の開発という前例のない独自な目標を達成するための期間の定めのある業務である。したがってこれはプロジェクトだ。

「有期性」は期間の限りがあるということだから、言い換えると、プロジェクトには明確な始まりと終わりがある、ということになる。つまりプロジェクトは必ず「終わる」ということだ。余談だが、筆者らがかかわっている政府開発援助（ODA）の国際協力プロジェクトでは、一般的に「評価5項目」[*]という5つの観点からプロジェクトを評価する。妥当性、有効性、効率性、インパクト、持続性（自立発展性）の5つの観点である（詳細は第6章を参照）。この5つ目の「持続性」だが、いったい何が持続す

---

[*] OECD（経済協力開発機構）のDAC（開発援助委員会）が推奨する評価の視点で、ほとんどのODA機関がプロジェクト評価の視点として用いている。

るべきなのだろう？　ある研修で講師が「プ̇ロ̇ジ̇ェ̇ク̇ト̇が持続すること」と説明して混乱をきたした場面に出くわしたことがある。「プロジェクト終了時にプロジェクトが続くことを評価する？」　確かにこれでは語義矛盾だ。もしこの講師がプロジェクトの定義を知っていれば、定義からしてプロジェクトは「必ず終わる」ものなのだから、こういう説明にはならなかったはずだ。正しくは、持続性とは、「プロジェクトが続くこと」ではなく、「プロジェクトが生み出した効果が持続すること」である。こういうことがあるから、定義を甘く見てはいけない。

　この定義から派生するプロジェクトの特性として、「段階的詳細化」というものがある。プロジェクトはつねに独自なもの、前例のない新たなものを創造する試みだから、どんなに先を見越した計画を立てたとしても、その実施途中にはさまざまな不確定要素が待ち受けている。そのため、初期段階で成果物を詳細に定義したり、完璧なプロジェクト計画を立てることは難しく、成果物定義にしろプロジェクト計画にしろ、徐々に、段階を追って、練り上げ、つくりこんでいくことになる。どうしてもそうなるし、そうする必要がある。これをプロジェクトの「段階的詳細化」といい、これを意識的に行なうプロジェクト計画法を「ローリング・ウェーブ計画法」という。プロジェクトの計画策定は寄せては返す波のような反復的で継続的なプロセスの中で練り上げられていく、ということだ。

　プロジェクトが段階的に詳細化されるということは、「プロジェクトは変更される」ということを意味する。また余談になるが、開発援助プロジェクトではPCMが標準的な計画手法として用いられている（PCMについては第3章参照）。PCMの中心的ツールはログフレームである。これはプロジェクトの実施理由、目標、戦略、投入、リスクなどを1つの表にまとめたもので、プロジェクト・スコープ記述書のフォームとしては非常に優れたものだ。これに対して、「ログフレームを用いると、そこに書かれた目標や成果に縛られて、プロジェクト運営が硬直的になる」、という批判がある。だがこの批判は当たっていない。これは、ログフレームに問題があるのではなく、その使い方に問題があるというべきだ。なぜなら、

プロジェクトは変更されるものなのだから。プロジェクトは変更されて当たり前という認識があれば、3年、5年といった長期にわたるプロジェクトを、最初につくった計画に固執して運営するという無理はしないはずだ。実際、最近の開発援助プロジェクトでは、必要に応じてログフレームが見直され書き直されているケースが多くなってきている。これは喜ばしいことと言うべきだろう。

　言うまでもないが、いいかげんな計画で始めてよいということではない。大まかな全体計画を立てたうえで、当面半年から1年くらいのスパンで詳細な計画を立て、実施中に明らかになってきた情報や状況の変化を受けて、適宜、適切な計画変更を行なう、ということである。

　以上をまとめると、プロジェクトは以下の3つの特性をもった事業であるということになる。

1. 独自性　　　：プロジェクトが生み出す成果物やサービスはつねに前例のない独自なもの、新たなものである。
2. 有期性　　　：プロジェクトは一定の期間内に目標を達成することを期待された事業であり、言い換えると、プロジェクトには明確な始まりと終わりがある。
3. 段階的詳細化：プロジェクトの成果物や計画は徐々に、段階的に、詳細化されていくものであり、すなわち、プロジェクトは変更を前提とした事業である。

　持続性（自立発展性）の話が出たので、1つ補足説明をしておく。自動車メーカーの例に戻る。図2-1を見ていただきたい。排ガス規制が強化される前は「定常業務」として毎日同じ車をつくっていた。ところが排ガス規制が強化されることが決まり、会社は「プロジェクト」を実施し、1年後、めでたく新車開発に成功した。ここまでは上記で説明したとおりである。

　さて、そのあとだが、当然のことながら、新車はそれ以降、製造ラインに乗って毎日つくり続けられる。経営者はこれをできるだけ長く続けた

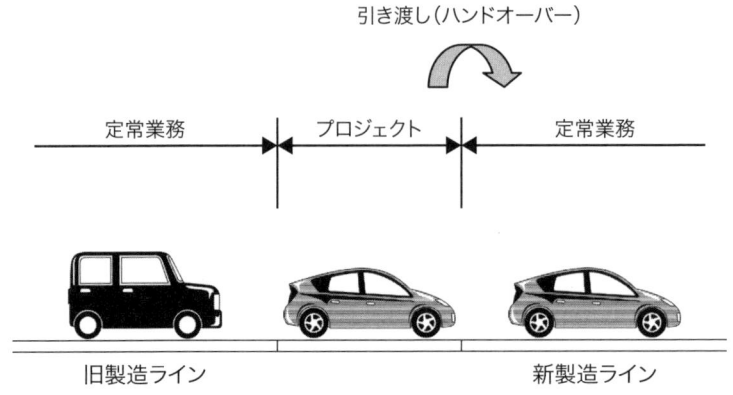

図2-1 プロジェクトと定常業務

い。これは「定常業務」である。つまり、プロジェクトでつくられたものは、プロジェクト終了と同時に定常業務に引き渡され、その後、定常業務の中でつくり続けられたり、使われ続けられたりするのである。つまりプロジェクトは、多くの場合、定常業務と定常業務に挟まれており、ほとんどの場合、プロジェクトから定常業務への成果の引き渡し（ハンドオーバー）が行なわれるのである。そして、プロジェクトで創造した財やサービスを定常業務で運用していくこと。これが、評価5項目の持続性（自立発展性）の意味である。

　つまり、プロジェクトの持続性を高めるとは、プロジェクト終了後に始まる定常業務のための仕組みをプロジェクトの中でつくっておくということなのだ。自動車製造の場合は、新車の開発と並行して新しい製造ラインを整備するのは当然のことで、あえて持続性などと言ったりはしない。だが、社会開発的なプロジェクトの場合、新製造ラインに相当するのは制度であったり作業手順であるといった目に見えないものであることが多く、そのために十分に整備されないままに終わりがちになる。プロジェクト終了後の定常業務の仕組みをプロジェクト期間中につくっておくこと、これが持続性確保の要である。

2.2　プロジェクトマネジメントとは何か

　上記のとおり、個々のプロジェクトは、程度の差はあれ、どれも、つねに、前例のない新たなものを創造する試みである。だからプロジェクトを成功させるのは難しいのだ。実際、多くのプロジェクトが失敗している。期限超過、予算超過、目標未達など、70％以上のプロジェクトが失敗しているという調査もあるくらいだ。KKD（勘と経験と度胸）は大事だが、それだけに頼ってやっていけるものではない。定常業務との違いを認識した、プロジェクトであることを意識した、「プロジェクトマネジメント」が必要なのである。

　では、プロジェクトマネジメントとは何か？

　プロジェクトマネジメントとは、プロジェクトの要求事項を満足させるために、知識、スキル、ツールと技法をプロジェクト活動へ適用することである。　　　　　　　　　　　　　　（PMBOK® ガイド第4版、2008年）

「プロジェクトの要求事項」とは、以下の3つである。
1. 期限内にプロジェクトを完了させること（時間）
2. 予算内にプロジェクトを完了させること（コスト）
3. 定められた要件を満たした成果品を生み出すこと（スコープ）

　この3つを満足させることがプロジェクトマネジメントの課題である。しかしこれはそう簡単ではない。なぜなら、これらは「時間、コスト、スコープの三角形」（図2-2）で表されるように、互いにトレードオフの関係にあるからだ。

　たとえばプロジェクトが遅れているとする。このままでは期限内に完了できない。そこで、人員や機材を追加投入して作業を早める（クラッシング）といった対応をする。ただしこういったことには追加コストがかかる。つまり、図2-2の三角形の面積（プロジェクトの品質）を一定に保ったまま時間の辺を短くすると、おのずとコストの辺が長くなる、という関

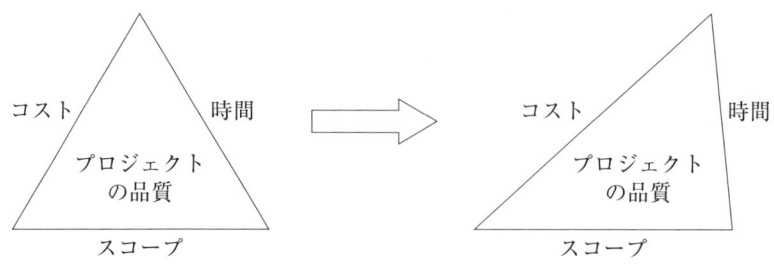

図2-2 時間、コスト、スコープの三角形

係である。

　プロジェクトマネジメントは、この、時間、コスト、スコープのバランスをとりながら、プロジェクト関係者（ステークホルダー）の要求と期待を満足させるために、知識、スキル、ツールといったものを駆使してプロジェクトを運営していくことである。

　幸いなことに、世の中にはすでにその効果が実証済みの知識とツールが体系化され標準化されている。国際標準である ISO10006、米国標準である PMBOK®、日本標準の P2M などなど。

　このような知識やツールが存在するにもかかわらず、それらを用いることなく無手勝流でやっているとしたら、それは先人の知恵や経験を無視して毎回ゼロからプロジェクトマネジメントの原野を開拓しているようなものだ。これでは効率的な仕事ができるわけはないし、成功も覚束ない。確かにプロジェクトマネジメントの導入には抵抗がともなう。プロジェクトマネジメントの導入はマネジメントの変更であり、それはすなわち会社や組織のマネジメントの変更を意味するからだ。プロジェクトマネジメントの導入が進まない会社や組織からは、「組織文化になじまない」という声がよく聞かれる。しかし、先賢たちが経験を通してつくり上げてきた知識体系を学び、実証済みのツールを駆使することが、一見遠まわりに見えても結局は近道だということは多くの組織が経験してきているのである。

　ツールに関してつけ加えると、注意しなければならないのは、ツールを硬直的に用いないということ。すべてのツールをどのプロジェクトにも同じように使わなければならないと思わないこと。新車開発計画もスペー

スシャトル計画もプロジェクトである。したがってそこでは基本的に同じツールが使われる。しかし、言うまでもなく、この2つのプロジェクトに対してまったく同じツールをまったく同じ方法で用いることはありえない。ひとつひとつのプロジェクトは独自なものであり、それぞれに大きく異なる。個々のプロジェクトに対して、使えるツール、使えないツール、使うべき手法、使うべきでない手法がある。そこをしっかりと見極めて柔軟な対応をすることが非常に重要である。そのためには、ツールの原理、考え方をしっかりと理解する必要がある。原理さえ確実に押さえていれば、ツールの細部はむしろ臨機応変に改変し工夫をして用いるべきだろう。

2.3 プロジェクトマネジャー

プロジェクトマネジメントにも作業がある。工程を組んだり進捗を管理したりといった作業である。それらを書類にまとめるというけっこう大変な仕事もある。これらの仕事をプロジェクトマネジャーが1人でするわけではない。プロジェクトマネジメントもプロジェクトチームの共同作業である。ただし、全体を統括し最終責任を負うのはプロジェクトマネジャーだ。

プロジェクトマネジャーは"single point of responsibility"と呼ばれる[*]。プロジェクトの唯一最終の責任者という意味である。プロジェクトマネジャーは、プロジェクトの責任者であり、プロジェクト実施機関の代表者であり、プロジェクトに関するすべての情報の集約点である。プロジェクトのすべてがマネジャーのもとで一元的に管理されることにより、統合・調整が1点に集中して作業の無駄や重複が避けられる。また、責任ある1人の人間を交渉相手にすればよいので、顧客(プロジェクト発注者)のような外部のプロジェクト関係者にはこのマネジメント・スタイ

---

[*] The Handbook of Project-Based Management Second Edition, J Rodney Turner, McGraw Hill, 1999.
　Project Management Planning & Control Techniques Fourth Edition, Rory Burke, Burke Publishing, 2003.

ルは好まれる。

このように "single point of responsibility" にはさまざまな利点がある。だが、裏を返すと、本来その責任と役割が明確に分かれているべきプロジェクトマネジャーとプロジェクトリーダーや、実施組織のラインマネジャーとプロジェクトマネジャーといった役割の境界が重複していたり曖昧だったりすると "single point of responsibility" の利点は損なわれることになる。

2.4 プロジェクト・ライフサイクル

定義の最後はプロジェクト・ライフサイクルである。

Plan-Do-See サイクルとか、PDCA（Plan-Do-Check-Action）サイクルという言葉を聞いたことがあると思う。この2つは同じものと思ってかまわない。ここでは PDCA サイクルで代表させる。PDCA サイクルは、計画し、実行し、確認し、処置するというサイクルである。

これは別に珍しい概念ではない。何らかの目標に向かってある程度まとまった作業を行なう場合は必ずこのプロセスをたどることになる。たとえば、夕食の支度をするときは、まず頭の中で料理の手順を組み立て (Plan)、調理を始め (Do)、時々味見をし (Check)、塩コショウで味を

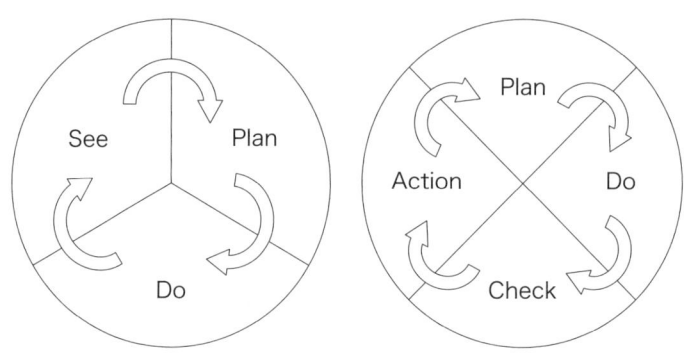

図 2-3　Plan-Do-See サイクル／PDCA サイクル

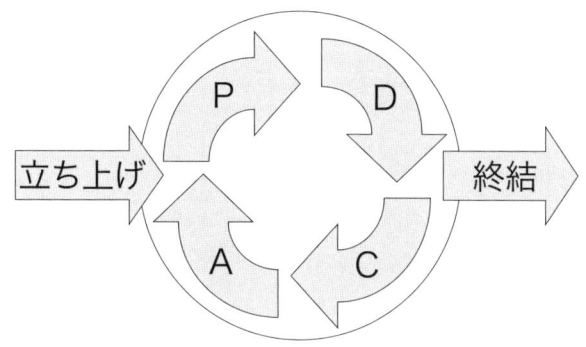

図 2-4　プロジェクト・ライフサイクル

整える（Action）。あるいは、国の財務管理というのは、まず国家予算を策定し（Plan）、予算を使って事業を行ない（Do）、事業の結果を評価し（Check）、評価結果を次年度計画にフィードバックする（Action）。いずれも PDCA サイクルだ。

　プロジェクト・ライフサイクルも同じで、考え方の基本は PDCA サイクルである。ただ、プロジェクト・ライフサイクルの場合はもう少しプロジェクトの特性を加味した図解がなされている。加味された特性というのは「有期性」、すなわち、プロジェクトには明確な始まりと終わりがあるという特性である。

　図 2-4 のとおり、プロジェクト・ライフサイクルには明確な始まり（立ち上げ）と終わり（終結）がある。それに挟まれる形で PDCA サイクルがあり、PDCA サイクルはプロジェクト実施期間中に何度か繰り返される。それぞれのプロセスの概要は以下のとおりである。

- 立ち上げ（Initiation）

　企画立案プロセス、あるいはプロジェクト定義のプロセスとも言われる。プロジェクトを実施する価値があるかどうか、価値があるとして、それが実現可能かどうかを判断するプロセス。プロジェクトを実施することによって、誰が（投入）、何を（成果物）、何のために（目的）、いつまで

に（期間）、なぜ（理由）行なうのかを明らかにし、文書にまとめる。それをプロジェクト関係者（ステークホルダー）に周知し、プロジェクト実施の正式な承認を受ける。

- 計画（Plan）

立ち上げ段階で整理されたプロジェクトの概要をもとに、実行のための具体的で詳細な計画を立てるプロセス。プロジェクトが生み出すべき成果物、およびそれを生み出すための作業を細かい要素に分解し、それをもとに工程を組み、資源（人員や資機材）を配分し、予算を見積もり、リスク管理計画を立てる。

- 実行（Do）

計画を実行していくプロセス。ここでは、進捗管理、調達管理、コミュニケーション管理、チーム管理、リスク管理といったことが主要なマネジメント内容になる。

- 確認／処置（Check/Action）

プロジェクトのパフォーマンス（実績）を定期的に監視・測定することによって、計画と実績の差異を明らかにし、差異がある場合は、プロジェクトの軌道修正を行なうための是正処置を講じる。また、実施途中で現れてくる不確定要素や問題を早いうちに察知し、適切な対策を適切な時期に講じるためのプロセスでもある。

- 終結（Closing）

プロジェクトを正式に終わらせるためのプロセス。成果物の検収、契約履行などの手続きを行なう。これは、プロジェクトがつくり出した成果物をそれを使っていく組織や人々にスムーズに引き渡すことを意味している。また、プロジェクトの最終評価を行ない、実施中の経験を以後のプロジェクトに活かすために、反省や教訓を文書化する。そして、プロジェクトチームを解散する。

2.5 計画プロセスの重要性

　立ち上げ、計画といった初期の段階は、まだプロジェクトの形が固まっていない段階にあるため、比較的、プロジェクト関係者（ステークホルダー）の意向を反映させやすい。言い換えると、プロジェクトに対するステークホルダーの影響力は大きい。しかし、プロジェクトが進むにつれて中間成果物ができあがってゆくために、プロジェクトの内容を変更することは難しくなり、ステークホルダーの影響力は小さくなってゆく。また、プロジェクト開始当初はまだ成果物などもできあがっていないため、大きな変更も小さなコストで可能だが、プロジェクトが進むにしたがって変更にともなうコストは大きくなってゆく。この関係を示したものが図2-5である。

　ここから言えることは、ステークホルダーの満足度を高めるためにも、コストを低く抑えるためにも、立ち上げ・計画といったプロジェクトの初期段階で先を見通した適切なプロジェクト計画を立てることが非常に重要だということである。つまり、立ち上げ・計画に充分な時間と労力をかける必要があるということだ。

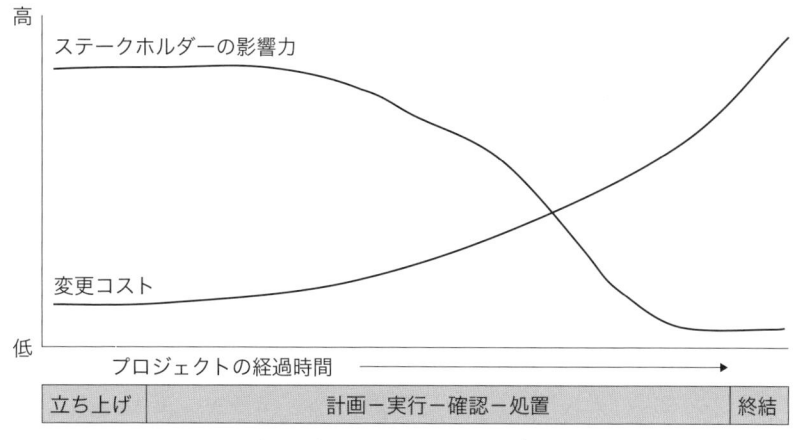

図2-5　時間の経過とステークホルダーの影響力

PMBOKガイド第4版より筆者作成

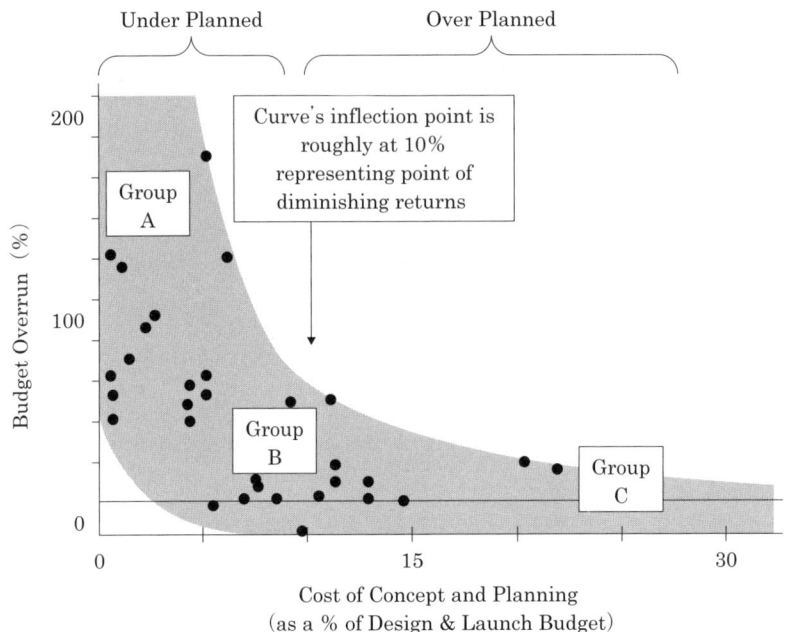

図 2-6　計画にかけた予算額とプロジェクト全体の予算超過額との関係[*]

　Werner Gruel（1985）による NASA のプロジェクトの分析結果をもとに、Gregory Githens が興味深いレポートを書いているので紹介しよう。

　図 2-6 の横軸はプロジェクトの全体予算に対する立ち上げ・計画にかけた予算の割合であり、縦軸はプロジェクトの全体予算に対する予算超過額の割合である。見てのとおり、立ち上げ・計画にかけた予算額と予算超過額とのあいだには明らかに負の相関関係がある。すなわち、計画を念入りに行なえばそれだけプロジェクトの順調な実施が期待できるということを示している。

　さらに詳しく見ると、プロジェクトの全体予算に対する立ち上げ・計画にかけた予算の割合（横軸）が 5％以下のプロジェクト群（Group A）では、すべてのプロジェクトが 40％から 180％の予算超過（縦軸）を起

---

　[*]　Gregory D. Githens, Planning as a Vaccination Against Failure, *VISIONS MAGAZINE*, Product Development & Management Association.

こしており、予算内に収まったプロジェクトは1つもない（！）。5%から15%の予算を立ち上げ・計画にかけたプロジェクト群（Group B）では、予算超過を起こしたプロジェクトはグループ中の半分以下であり、超過額も50%以下に収まっている。15%以上の予算を立ち上げ・計画にかけたプロジェクトは2つだが（Group C）、そのどちらもわずかに予算超過している。

　ここからGithensは、予算を時間に置き換えて、全プロジェクト期間のおよそ10%を立ち上げ・計画に費やすべきだという結論を導き出している。それ以下では明らかに計画不足だし、それ以上の時間をかけても効果は変わらない、つまりは無駄に計画に時間を費やしているということになる。

　データが古いし、設計・施工基準が確立されている公共インフラ事業のような独自性の低いプロジェクトや、逆にITやメカトロニクスのような新規性の高いプロジェクトなど、プロジェクトの新規性にもさまざまなものがあり、すべてに10%ルールが当てはまるわけではないだろうが、考え方としては非常に示唆に富む指摘であると言えるだろう。

2.6　プロダクト・ライフサイクル

　プロジェクトは独自な製品やサービスを創造するための期間の限りのある業務である。したがって、目的とする製品やサービスを生み出した時点でプロジェクトは終わる。だが、生み出された製品やサービスは生み出されて終わりではない。プロジェクトが終わったところから製品やサービスは使われ始める。

　製品やサービスは、創造され、運用され、維持管理され、改修され、やがて使命を終えて廃棄される。この全体像をプロダクト・ライフサイクルという。

　ここまで説明してきたプロジェクト・ライフサイクルは、プロダクト・ライフサイクルのうちの「創造」（図2-7では「建設」）を担う一部分に過ぎない。しかし、運用以降のプロセスは創造された成果物の質や内容に

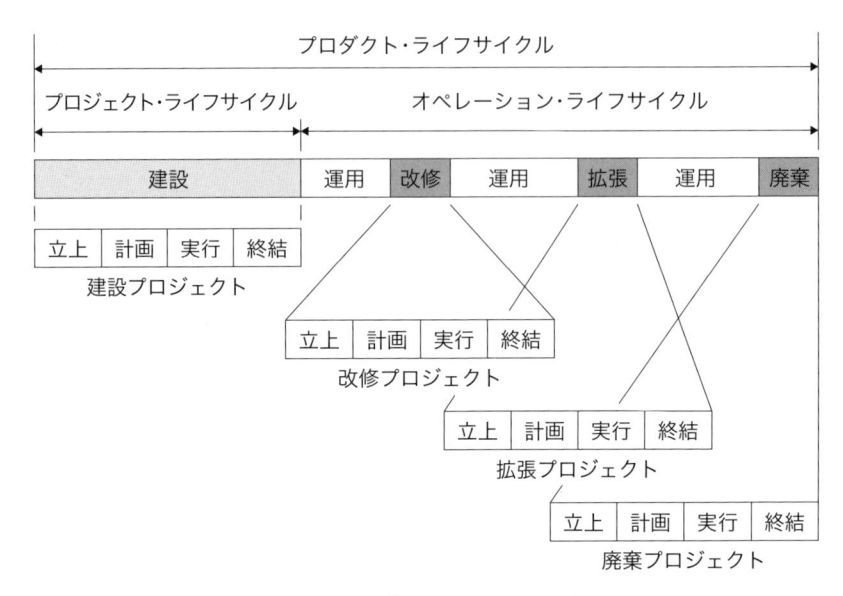

図2-7 プロダクト・ライフサイクル

Project Management; Planning & Control Techniques, *Rory Burke*, 2003 より筆者作成

大きく左右される。また、運用や維持管理のための組織や体制は創造のプロセス中につくり上げておく必要がある。つまり、創造のプロセスは、成果物の効果的効率的運用や、運用による投資の回収も含めた、それ以降のプロセスを視野に入れてなされる必要があるということである。

先に触れたプロジェクトの評価5項目に「持続性（自立発展性）」が入っているのはそのためだ。持続性は成果物の運用や維持管理が適切になされる体制が整っているかどうかを評価する項目である。しかし考えてみるとおかしな気もする。プロジェクトの責任範囲は成果物を生み出すところまでなのだから、そのあとのことは別の組織や人々がやることで、そこまでプロジェクトの責任にされてはかなわない。

とはいうものの、工場に新しい機械を導入すれば、納入業者は客先に運転方法と維持管理方法をしっかりと身につけてもらう必要がある。貧困農村地域の生活改善のために小さな雑貨店をつくれば、その雑貨店の経営者になる農民に、仕入れの仕方、帳簿のつけ方、店舗の維持管理、従業員の

雇用管理などをプロジェクト期間中に学んでもらう必要がある。そうしなければ、プロジェクトが生み出した成果物は使われなくなる。使われなければ、生み出した意味がない。IT 関係の新規システム構築プロジェクトなどでは、そのシステムを使用する人々（顧客）への教育やプロジェクト実施期間中からの協働は当然視されているようである。

そう考えると、「持続性」という評価項目によって、運用のための体制づくりが創造のためのプロジェクトの責任範囲とされることも無理からぬところ、と言うべきかもしれない。ただ、そうであれば、責任とともに、それを果たすための時間、予算、活動、資源といったものがプロジェクトの投入として明確に位置づけられなければならない。

2.7　プロジェクト・ライフサイクル・マネジメント

以上がプロジェクトマネジメントの概論である。

次の章から、個々のプロセスについて、プロジェクトマネジメントの具体的な手法を紹介する。本書はツールを通してプロジェクトマネジメントの原理を学ぶことを目的としている。したがって説明はツールを順次紹介していく形をとる。

章立てはプロジェクトマネジメントのプロセスに対応させて、立ち上げ（第3章）、計画（第4章）、実行（第5章）、終結（第6章）とした。実際のプロジェクトの現場では実行プロセスと確認／処置プロセスは事実上一体のものとして実行されるところから、これらをまとめて1つの実行プロセスとしている解説書が多く見られる。本書もこの例にならい、実行（Do)・確認（Check)・処置（Action）は実行プロセス（第5章）にまとめた。

表2-1は、立ち上げから終結にいたるプロジェクト・ライフサイクル全体の作業の流れを一覧表にしたものである。個々の内容は各章で詳しく説明するとして、ここでは全体の流れをざっと見ておきたい。

立ち上げ（第3章）はプロジェクトを立案し、概要をまとめ、ステークホルダーの承認を受け、正式のゴーサインを出すプロセスである。ここではPCM（プロジェクト・サイクル・マネジメント）を紹介する。PCMでは、

表2-1 プロジェクト・ライフサイクル・マネジメントの流れ

プロセス	ステップ	作業の目的	ツール
立ち上げ (第3章)	1	プロジェクト関係者を分析する	PCM：関係者分析
	2	現状の問題を分析する	PCM：問題分析
	3	問題の解決手段を分析する	PCM：目的分析
	4	代替案からプロジェクトを選択する	PCM：プロジェクトの選択
	5	プロジェクトの概要をまとめる	PCM：ログフレーム
計画 (第4章)	6	作業を細分化する	WBS
	7	作業の所要期間を見積もる	所要期間見積もり
	8	作業の順序関係を図式化する	PDM
	9	クリティカル・パスをみつける	CPM
	10	スケジュール表をつくる	バーチャート
	11	人員を配置する	資源ヒストグラム
	12	コストを見積もる	コスト見積もり
	13	コミュニケーションを計画する	コミュニケーション計画書
	14	リスク管理を計画する	リスク管理計画書
	15	計画内容をまとめる	PCM：活動計画表
実行 (第5章)	16	プロジェクトの将来像を描く	ビジョニング
	17	プロジェクトの全体像を把握する	集約と分割
	18	マネジメントのつぼを押さえる	ポイント・オブ・マネジメント
	19	計画を順次詳細化する	ローリングウェーブ思考法
	20	実施体制をつくる	職務記述書（TOR）、責任分担表、プロジェクト実施体制図
	21	チームメンバーのやる気を高める	動機づけ
	22	プロジェクトチームを成長させる	チームビルディング
	23	プロジェクトの進捗を把握する	モニタリング・システム
	24	計画変更を管理する	ログフレーム
終結 (第6章)	25	持続性にかかるビジョンを描く	ビジョニング
	26	持続性にかかる人材・組織を育成する	研修、OJT、権限移譲
	27	プロジェクト評価を準備する	評価用ログフレーム、計画達成度調査表、5項目評価調査表
	28	プロジェクト評価を実施する	評価報告書案
	29	プロジェクト評価を完了させる	評価報告書
	30	プロジェクトを終わらせる	終結判断、終結宣言

まず現状における問題を分析し、問題の解決手段を考え、さまざまな問題解決手段のうちから適切な手段をプロジェクトとして選択し、選択されたプロジェクトの概要を文書にまとめる。PCMの優れた点は、PCMの流れにしたがって作業を進めていくと、これらのプロセスがおのずと進行していって、プロジェクトの概要がまとまるようになっている点だと言えるだろう。

　計画（第4章）は実行のための具体的で詳細な計画を立てるプロセスである。ここではまず、詳細な計画を立てるためのすべてのもとになる、作業の細分化（WBS）を行なう。あとは、そのWBSを使って、作業の所要期間の見積もり、作業順序の決定、作業スケジュールの作成、人員の見積もりと配置、コストの見積もりを行なう。これ以外にも実施前にしっかり計画を立てておくべきものとして、プロジェクト関係者間のコミュニケーション計画とリスク管理計画がある。

　実行プロセス（第5章）は計画を実行していくプロセスである。ここでは、進捗管理、調達管理、コミュニケーション管理、チーム管理、リスク管理といったことが主要なマネジメント内容になる。プロジェクトのパフォーマンス（実績）を定期的に測定・評価することによって、計画と実績の差異を明らかにし、差異がある場合は、プロジェクトの軌道修正を行なうための是正処置を講じる。また、実施途中に現れてくる不確定要素や問題を早いうちに察知し、適切な対策を適切な時期に講じるためのプロセスでもある。

　終結プロセス（第6章）はプロジェクトを正式に終わらせるためのプロセスである。成果物の検収、契約履行などの手続きを行なう。これは、プロジェクトがつくり出した成果物を、それを運用し維持管理していく組織や人々にスムーズに引き渡すことを意味している。また、プロジェクトを評価し、実施中の経験を以後のプロジェクトに活かすために、反省や教訓を文書化する。そして、プロジェクトチームを解散する。

2.8 参加型プロジェクトマネジメント

本書ではプロジェクトマネジメントを一貫して参加型で行なうことを推奨している。参加型というのは、プロジェクトチームや実施機関の担当者、スポンサーや顧客、受益者やエンドユーザーといったプロジェクト関係者（ステークホルダー）が1つの場に集まり、意見や知恵を出し合いながらプロジェクトを運営していくことを言う。

参加型には以下のような利点がある。
1. スポンサーや顧客、受益者やエンドユーザーの意見を聞くことで、真のニーズに対応したプロジェクトが実施できる。
2. 多くの関係者がプロジェクトマネジメントにかかわることにより、プロジェクトに関する共通の理解が得られる。
3. 関係者各人のプロジェクトにおける役割と責任が明確になり、各人がそれを自分のこととして認識することにより、関係者の当事者意識が高まる。
4. 立場の異なる人々の視点を広く取り入れることにより、関係者間の衝突や軋轢、プロジェクトに対する否定的な影響、プロジェクトによる否定的な影響などを議論の場に引き出し、積極的、先制的（プロアクティブ）に対応することができる。

プロジェクトを参加型で進めていくための留意点はいくつかあるが、ここでは2点あげておきたい。参加型の何たるかを理解し、参加型のテクニックを使いこなせるファシリテーターがいることと、ワークショップなどの議論の場に、適宜、適切な関係者が参加していることである。

ファシリテーターは、議論のリード役ではなく、議論の整理・進行役であり、議論を通した意思決定プロセスや学びのプロセスの触媒役である。ただし、だからといってプロジェクトリーダーやプロジェクトマネジャーがファシリテーターをやってはいけないということではない。要は、参加型を理解しているか、参加の心をもっているかが要となる。

第2章 プロジェクト・ライフサイクル・マネジメント　31

民間企業での事業計画ワークショップ	地方自治体での地域産業振興計画
環境省職員による環境汚染監視計画（中東）	農業普及員による普及活動モニタリング（アフリカ）

写真 2-1　参加型ワークショップ

　開発援助の世界では一時、PCM は参加型ツールなのかとか、PRA（Participatory Rural Appraisal）の方がより参加型ではないかといった議論が盛んになされたことがある。しかし、事業の進め方が参加型になるかどうかは、ツールが決する問題ではなく、ツールを用いる人間の姿勢や考え方による、というのが筆者たちの実感である。参加型ツールを用いたトップダウンの押しつけワークショップはしばしば見かける。逆に、特に参加型ツールなど用いなくてもしっかりと参加型になっている事業もある。第4章以下で紹介するツールはどれも参加型ツールとは呼ばれていないが、参加型で用いることは十分に可能だ。どのようなツールであれ、「参加」の心をもった使い手が用いれば、プロジェクトを参加型で進めていくことはできる。

　また、参加型ワークショップと言うと、とにかく広く大勢の関係者に集

まってもらうべきだと考えられている向きもあるようで、そのときのテーマにあまりかかわりのない人たちまでが大勢集められているワークショップに出くわすことがある。そのような場での議論は非常に非効率的だし、関係もないのに呼び出された人たちは貴重な時間を拘束されていい迷惑だ。参加型ワークショップを企画する際には、何のためのワークショップなのか、誰が参加するべきなのか、日程や時間帯は参加者にとって適切かどうかといった配慮が必要である。

2.9　仮想プロジェクトの概要

　本書の第3章、第4章では、小さな国際協力プロジェクトを想定し、その事例を用いて説明している。事例は題して「ヒマラヤA国の食生活改善プロジェクト」。日本のある女子大学のボランティア・サークルが、ヒマラヤのA国で食生活の改善を通して高血圧を減らそうというプロジェクトである。参考にしたモデルはあるが、仮想のプロジェクトであり、現実のいかなるプロジェクトや組織とも関係していない。概要は以下のとおり。

ヒマラヤA国の食生活改善プロジェクト

　東京女子家政大学（仮称）のボランティア・サークル「おたべ」は、栄養指導を通して人々の健康増進に貢献することを目的に活動している学生サークルである。メンバーは現在7名。週末や長期の休みを利用して、自治体や学校で、料理教室や人形芝居による栄養指導などを行なっている。あるとき、ある大手食品メーカーがその活動に賛同し、大口の資金援助を申し出てきた。「おたべ」のメンバーは突然の話にびっくり。だがそこはもの怖じしない若者たち。7人は、青年海外協力隊出身の教授に指導と同行をお願いし、その資金で初めての海外活動を行なうことにした。

　遠征先は、ヒマラヤ山脈のふもと、仏教を信仰する人々が、古来の文化を守りながら、穏やかな生活を続けているA国。活動拠点は東部の農村B村。教授が協力隊時代に滞在していた村で、教授の知り合いや仕事の関

係者が多く、活動拠点としては最適である。村の人口はおよそ600人。平均家族数は1戸当たり約8人。世帯数は約75世帯。

この村の主な農産物は米だが、スイカやパパイヤなどの果物もとれる。主食は米である。普段の食事は、白米もしくは原種に近い赤米を食べている。副食は唐辛子のチーズ煮込みが多い。季節によっては、からし菜、じゃがいも、グリーンピースなども食べるが、いずれにしろ副食は単品である。

殺生を嫌うために、生の肉・魚・卵はほとんど流通していないし、ほとんど食べない。輸入品として入ってくる干し魚はよく食べるが、それらの干し魚は加工過程で用いられる塩分の量が非常に多い。高血圧の人が多いのは、この塩分の多さのせいではないかと言われている。

男女平等であるため、調理をする夫もいるが、主な調理人は妻で、自分の母から伝えられた味を守っている。また、ほかから調理法について教えてもらう機会がないため、レパートリーが広がらない。食事は健康と体づくりのために栄養をとるためのものと考えられているが、栄養に関する知識は乏しく、主食をたくさん食べることが良いと考えられている。そのため、食事は単調で、少量の副食で米をたくさん食べる。その結果、唐辛子と塩分を非常に多く摂取することになっている。

「おたべ」の7人は、B村の成人を対象に、食生活の改善を通して、高血圧患者を減らすことを目的としたプロジェクトを実施することにした。プロジェクト実施期間は1年。夏休みと春休みに、それぞれ1カ月ずつ現地を訪問する。主な活動は、これまでの国内での活動ですでに実績のある、料理教室、人形芝居による栄養指導、家庭菜園づくりの3つ。これら3つの活動はメンバーが現地にいるあいだに行なうが、メンバーがいないあいだのモニタリングなどの作業は、現地の村役場にいる栄養指導員に手伝ってもらうことを考えている。事前に教授に電話連絡をしてもらったところ、協力は得られそうである。

初の海外活動ではりきっているメンバーは、教授の指導のもと、さっそくプロジェクトの計画に取りかかった。

写真 2-2　ヒマラヤ A 国 B 村 食生活改善プロジェクト計画策定ワークショップ

第3章

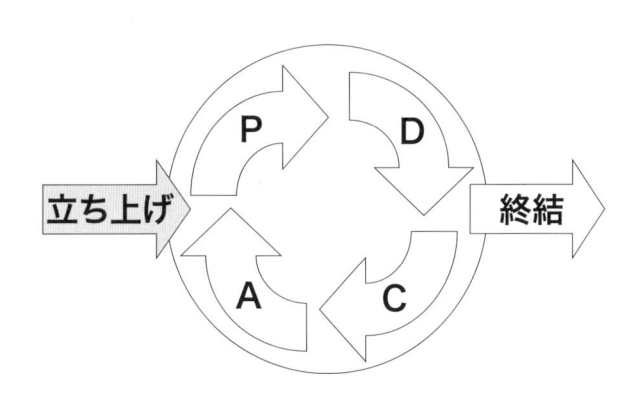

立ち上げ

第3章　立ち上げ

3.1　立ち上げプロセスの概要

立ち上げはプロジェクトを発案し企画するプロセスである。発案と言えば、経営者の「これだ！」というツルの一声も発案だし、詳細な現状分析から導き出された必然性も発案である。どのような形であれ、その背後にはプロジェクトが発案される要因として以下のようなものがある。

- ◆市場の要求　　　：原油価格の高騰をうけて、低燃費のエンジンを開発する。
- ◆組織のニーズ　　：たこ足状態に点在している会社の事務所を1カ所に統合する。
- ◆顧客の要求　　　：銀行の依頼をうけて、ATMのオンラインシステムを開発する。
- ◆技術の進歩　　　：青色ダイオードの市場化をうけて、赤、青、黄色のLEDを使った信号機を開発する。
- ◆法的要求　　　　：排ガス規制が強化されたことをうけて、低公害エンジンを開発する。
- ◆ビジネスニーズ　：衣料品の売り上げ向上のために、夏服売り上げ倍増計画を実施する。
- ◆社会的ニーズ　　：感染症による死亡率を軽減するために、感染症予防プロジェクトを実施する。

立ち上げプロセスは、まず、発案されたプロジェクトに関してそれがどのような必要性に基づくものであるかを検証することから始まる。誰にどのような利益や便益をもたらすのかを確認するのである。必要性が確認されたら、次にそれが実行可能かどうかを検討する。この段階でフィージビ

リティスタディ（実行可能性調査）が行なわれる。実行可能という見通しが立てば、誰が（投入）、なぜ（理由）、何のために（目的）、何を（成果物）、いつまでに（期間）行なうのか、どのような制約条件やリスクがあるのか、といったプロジェクトの概要を文書にまとめる。この文書は「プロジェクト・スコープ記述書」と呼ばれる。そして、この文書をもってプロジェクトの概要を関係者（ステークホルダー）に周知し、プロジェクト実施の正式な承認を受ける。以上が一般的な立ち上げプロセスの手順である。

3.2 問題解決型と機会発見型

　プロジェクトの立案には、大きく分けて、問題解決型と機会発見型の2つのアプローチがある。問題解決型アプローチは、現状に問題があるのでその問題をプロジェクトによって解決しようというもので、問題の原因を解消することがプロジェクトの活動内容になる。このアプローチによる代表的なプロジェクト立案手法としては本章で紹介するPCM（プロジェクト・サイクル・マネジメント）手法がある。一方、機会発見型アプローチは、プロジェクトを行なう組織や集団、あるいはプロジェクトが便益をもたらす対象となる組織や集団のもてる能力や機会を見出し、それを最大限に活かすことによって現状を改善しようとするものである。機会発見型アプローチのツールとしてはSWOT、KJ法、AI（Appreciative Inquiry）などがある。開発援助の世界で村落開発などに用いられるPRA（Participatory Rural Appraisal）も機会発見型のツールと言える。

　問題解決型アプローチは、現状がマイナスだから、それをせめてゼロまでもっていく、あるいはわずかでもプラスの状態にまでもっていくというものである。つまり現状の枠内において問題を解決するものである。そのため、飛躍的な改善効果を期待することはできない。だが、現行制度の枠内で実施されるため、プロジェクトの難易度は比較的低い。

　それに対して機会発見型アプローチは、能力や機会を活かすことによって現状の枠を超えることが目的となるため、成功した場合の改善効果はは

るかに大きいものになる。ただし、現状を超えるということは、現行制度の延長では実現できない高い目標を目指すアプローチになるため、プロジェクトの難易度は高くなる[*]。

　どちらのアプローチがよいとか優れているという話ではない。プロジェクトが発案された理由と要因および現状に応じて、問題解決型と機会発見型のどちらのアプローチが適しているかを適宜判断して使い分ける必要があるということだ。また、問題解決型プロジェクトの中に機会発見型的な要素が入り込んでくることもあるし、その逆もある。したがって両方を組み合わせて用いることも考えられる。プロジェクト立案手法を標準化して1つに定めてしまっている組織もあるが、それは問題解決型か機会発見型のどちらか1つですべてに対応しようとしているわけで、望ましいこととは思えない。

　以下に、問題解決型アプローチのプロジェクト立ち上げツールとしてPCMを紹介する。機会発見型アプローチのツールとしてはSWOTを紹介するが、説明は巻末の「補遺1」に回す。

3.3　PCM

　PCM（プロジェクト・サイクル・マネジメント）は、ODA（政府開発援助）やNGOによる開発援助プロジェクトで広く一般的に使われているプロジェクト立案手法である。1960年代に米国国際開発庁（USAID）が開発したロジカルフレームワーク（ログフレーム）がその始まりであり、国連機関や欧米の国際協力機関で用いられるあいだに現状分析ステップや参加型の概念が取り入れられ、1980年代にドイツで現在のPCMの原型が

---

[*] 問題解決型アプローチと機会発見型アプローチの考え方は、『徹底解説！ プロジェクトマネジメント』岡村正司（日経BP社、2003年）の記述に基づいている。ただし岡村氏は、この2つをプロジェクト実施中に発生した問題に対する解決方法の整理の仕方としてとらえており、プロジェクトの立ち上げ手法としてとらえているものではない。立ち上げ手法の整理の仕方としてとらえ直したのは筆者である。

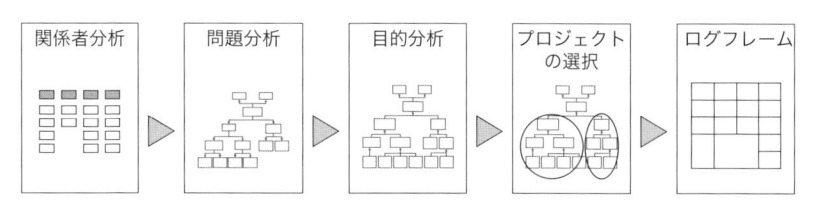

図 3-1　PCM によるプロジェクト立案のステップ

できあがった。日本には国際開発高等教育機構（FASID）が 1990 年に導入し、その後、国際協力機構（JICA）が標準的プロジェクトマネジメントツールとして採用したことから、国内の ODA 関連機関や NGO などに広まった。

　PCM によるプロジェクト立案のステップは図 3-1 に示すとおり。問題解決型であるところから、前半に「関係者分析」や「問題分析」といった現状分析作業が組み込まれている。現状の問題を分析したら、次に「目的分析」でその問題が解決された望ましい状態を想定する。ここでは問題を解決するための具体的な手段を考える。問題解決の手段が明らかになったら、「プロジェクトの選択」により、いろいろある解決手段のうちのどれをプロジェクトとして採用するかを決定する。そして最後に、採用されたプロジェクト案をログフレームにまとめる。ログフレームは上述のプロジェクト・スコープ記述書に相当するものである。

　以下に各ステップの概要をまとめ、そのあと、ひとつひとつのステップを詳しく説明する。

ステップ 1：関係者分析
「誰がどのようにプロジェクトにかかわるか？」
　どのようなプロジェクト関係者（ステークホルダー）がどのようにプロジェクトにかかわるかを分析する作業。ここでは、ステークホルダーの識別、各ステークホルダーがプロジェクトにおいて果たす役割、プロジェクトに与える影響、プロジェクトから受ける影響などを分析する。

ステップ２：問題分析

「何が問題か？」

　現状における問題を「原因－結果」の関係で整理し、わかりやすいように樹形図（問題系図）の形にまとめる作業。

ステップ３：目的分析

「問題が解決された状態はどのようなものか？」

　問題が解決された将来の望ましい状態と、その状態に導くための手段を「手段－目的」の関係で整理し、わかりやすいように樹形図（目的系図）の形にまとめる作業。

ステップ４：プロジェクトの選択

「最適なプロジェクト案はどれか？」

　目的系図の中から複数のプロジェクト案を識別し、それらを相互に比較することによって、実行プロジェクト案を選ぶ作業。

ステップ５：ログフレーム

「プロジェクトの概要表」

　ログフレームはプロジェクトを構成する要素を整理したプロジェクトの概要表。プロジェクトの目標、成果、活動、投入、リスクなどの情報を４×４のマトリックスにまとめる。

3.3.1　PCM１：関係者分析

　関係者分析は、どのようなプロジェクト関係者（ステークホルダー）がどのようにプロジェクトにかかわるかを分析する作業である。ここでは、ステークホルダーの識別、各ステークホルダーのプロジェクトにおける役割、プロジェクトに与える影響、プロジェクトから受ける影響などを分析し、プロジェクトが便益や利益をもたらす主たる対象となるステークホルダーを特定する。

プロジェクト・ステークホルダーとは、ステークホルダーが利害関係者と訳されることからもわかるとおり、プロジェクトからプラスまたはマイナスの影響を直接的または間接的に受ける、あるいはプロジェクトにプラスまたはマイナスの影響を直接的または間接的に与える個人、組織、グループのことである。したがって、プロジェクト実施機関、プロジェクトチーム、スポンサー、顧客、地域住民、政府関係機関などがそれに該当する。

関係者分析の手順
1 プロジェクト関係者（ステークホルダー）をすべて書き出す
2 書き出された関係者を類別する
3 類別された関係者グループの中から重要と思われる関係者を選ぶ
4 選ばれた関係者を詳細に分析する
5 ターゲットグループを仮決めする

---

1 ブレーンストーミングの要領で、考えられる関係者をすべて書き出す。
2 書き出された関係者を類別する。類別の項目は、実施者（プロジェクト実施機関）、プロジェクトチーム、決定権者、出資者、協力者、受益者、顧客、ユーザー、被害者、反対者など（表3-1）。
3 類別された関係者グループの中から重要と思われる関係者を選ぶ。重要と思われる関係者とは、プロジェクトが便益をもたらす主たる対象となる関係者、および被害者や反対者などプロジェクトに対して否定的な関係にある関係者のことで、通常、複数選ぶ。ここで選ばれた関係者がこのあとの詳細分析の対象になる。プロジェクトが便益をもたらす主たる対象者を選ぶのは、ターゲットグループ（下記5.参照）の候補を選ぶということ。否定的な関係にある関係者を選ぶのは、彼らの考えや置かれている状況を詳しく分析することによって、プロジェクトに対する潜在的なリスクを明らかにし、彼らの不利益を最小化するなどといったリスク軽減策をプロジェクト計画に織り込んでいくためである。

4 上で選んだ関係者それぞれに関してさらに詳しく分析する。分析項目としては、基本情報（規模、人員構成、組織体制、社会文化的特徴、経済的側面、技術力など）、そのグループが抱えている問題や弱み、潜在的にもっている可能性や強み、ニーズや期待、担っている機能や責任、権限、抱えている問題をプロジェクトがどのように解決するか（解決策案）などなど。どういう項目で分析するかはプロジェクトごとに適宜、適切な項目を選ぶべきだが、「抱えている問題や弱み」は、このあとの問題分析につながる項目であり、必ず分析する必要がある（表3-2）。

5 詳細分析の結果を比較検討し、プロジェクトのターゲットグループを特定する。ターゲットグループとは、プロジェクトの実施により正の効果をもたらすことを意図する主たる関係者のこと。プロジェクトはそのグループの問題を解決するために実施される。この段階ではまだプロジェクトの内容が固まっていないため、ここで決めるターゲットグループは暫定的なものである。このあとプロジェクトの内容や規模が固まってきた段階で、ターゲットグループが変わってくる可能性がある。

　ターゲットグループという概念は、PCMが開発途上国の開発援助プロジェクトを主な対象として発展してきた経緯を反映していると言える。営利目的の民間企業のプロジェクトであれば、誰のために、何のために実施するかは明白であることが多いだろうが、途上国の開発援助プロジェクトでは、さまざまなステークホルダーの利害関係が複雑に絡み合っているため、誰のためのプロジェクトなのか、誰の状況をどのように改善することが目的なのかをことさらに明示する必要がある。また、社会的に弱い立場の人々の生活改善を優先することから、その対象をターゲットグループとして明示し、プロジェクトによる便益が一部の有力者だけを利することがないように配慮することも必要なのである。

PCMの手順に関して、「なぜ問題分析の前に関係者分析をするのか。ま

ず問題を分析するのが先ではないのか」という質問を受けることがある。これは当然の疑問で、実は、PCMのステップでは明示されていないが、関係者分析の前に大きな意味での問題認識がすでに存在しているのである。プロジェクトの中身の話になる前に、排ガス規制が強化されるとか、感染症による死亡率が高いといった問題認識がすでにある。そういう問題認識があるからこそ、プロジェクトをやろうという話になるのである。この大きな問題意識を受けてプロジェクトが発想され、プロジェクトをやるにあたって、「ではこの問題は誰にとってのどういう問題なのか」という議論がくる。これが関係者分析である。

　問題はそれ単独で問題として存在することはありえない。新型ウィルスが発生していても、それが無人のジャングルの中にとどまっている限り問題ではない。ウィルスが人間のいる世界に出てきてはじめて問題になる。つまり、問題はつねに人間とかかわってはじめて問題になるのである。だが人間にもいろいろな立場がある。ある1つの現象が、ある人には問題になり、ある人には問題にならないということがある。「雨が降らない」という現象は、農民にとっては問題だが、観光業者にとっては問題ではない。むしろ望ましいことかもしれない。

　ということで、まずはじめに大きな問題認識があり、次に、それが誰にとってのどういう問題であるかを明確にするために「関係者分析」を行なう。そのあとで、その人たちにとっての問題構造を明らかにし問題の原因をさぐるために「問題分析」を行なう、という手順になるのである。

表3-1　関係者の類別（例）

受益者	実施者	協力者	決定権者	費用負担者	潜在的反対者
・村人全員 ・成人男性 ・成人女性 ・子供 ・高血圧の人	・おたべ ・村人 ・村役場	・村役場の栄養指導員 ・村役場の農業指導員 ・識字教育を行なうNGO	・村長 ・村のリーダーグループ ・村役場	・おたべ ・村人 ・村役場	・宗教指導者 ・年配の女性 ・姑

表3-2 関係者の詳細分析（例）

関係者	基本情報	問題／弱み	可能性／強み	解決策案
・村人全員	・人口600人 ・平均家族数8人 ・世帯数約75 ・仏教徒 ・宗教心があつい ・保守的 ・女性が調理	・主食（米）をたくさん食べる ・副食（おかず）をあまり食べない ・塩分をとりすぎ ・高血圧が多い ・肉・魚・卵を食べない ・飲酒量が多い ・肝炎が多い	・米が豊富にとれる ・果物や野菜もとれる ・牛を飼っている ・ミルクがとれる	・果物を調味料として使った調理法を紹介する ・ミルクを使ったメニューを紹介する
・年配の女性 ・姑	・一家に1人〜2人 ・保守的	・料理のレパートリーが少ない ・調理法をあまり知らない ・昔ながらの料理にこだわっている（?） ・新しい料理に抵抗がある(?) ・識字率が低い	・一家の中心的調理人 ・一家の食事に関して主導権を持っている	・人形芝居による栄養教育 ・年配の女性に料理教室のリーダーになってもらう

3.3.2 PCM2：問題分析

　問題分析は、現状における問題を「原因－結果」の関係で整理し、わかりやすいように系図（問題系図）の形にまとめる作業である。問題系図では、原因となる問題を下に、その結果として生じている問題を上に配置する。系図に示された1つの問題は、その上の問題を引き起こす原因でもあり、同時にその下の問題によって引き起こされる結果でもある。

問題分析の手順

1　現状における主要な問題を列挙する
2　中心問題を決める
3　中心問題の直接的な原因となっている問題を、中心問題の一段下のレベルに並べる
4　中心問題が直接的な原因となって引き起こされているさらなる問題（結

> 果）を、中心問題の一段上のレベルに並べる
> 5　問題を原因－結果の関係で整理しながら、系図を上下に発展させる

1. 現状におけるターゲットグループが抱えている主要な問題を列挙する。この作業は関係者分析の詳細分析ですでに行なわれているはずなので、関係者分析の結果をそのまま用いればよい。
2. 中心問題を決める。中心問題とは、問題系図作成の出発点となる問題である。分析したい問題が、すべてこの中心問題の原因あるいは結果として系図のどこかに位置づけられなければならない。中心問題のレベルを高く設定すると分析範囲は広くなり、低く設定すると分析範囲は狭くなる。分析したい範囲が漏れなく無駄なくカバーされるような中心問題を設定する必要がある。
3. 中心問題が決まったら、中心問題を引き起こしている直接的な原因を、中心問題の一段下のレベルに並列に並べる。この際、遠因ではなく、直接的な原因を並べることが重要である。
4. 中心問題が直接的な原因となって引き起こされているさらなる問題（結果）を、中心問題の一段上のレベルに並べる。これも、遠い結果ではなく、直接的な結果を並べる。
5. 同じ要領で、問題の原因を下に、結果を上に配置して系図を発展させる。プロジェクトの成果や活動は普通、中心問題より下のレベルに位置づけられるため、系図を発展させる際は主に中心問題より下を重点的に広げてゆく。

　広範な影響を及ぼしている問題をあつかう場合、中心問題を決めるのが難しいことがある。中心問題の決め方は、上記の手順1で列挙した問題の中から、それ以外のすべての問題がその原因あるいは結果として位置づけられ、なおかつその問題から分析を始めれば分析したい範囲が広すぎず狭すぎず適切にカバーされるであろうという問題を1つ選ぶ。1つに絞りきれない場合は、候補を複数選び、それらを原因－結果の関係で整理して小さな系図をつくると、その中から中心問題として適切なものが見えてくる。

図 3-2　問題系図（例）

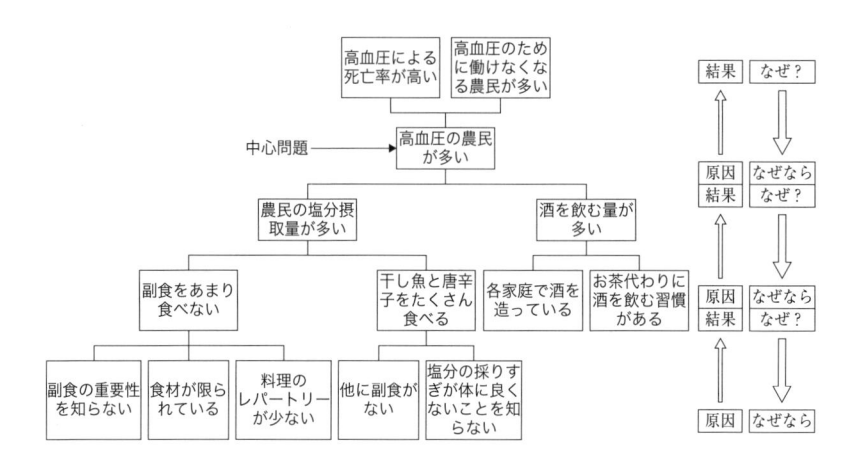

　問題系図を発展させる際は、原因を下に結果を上に並べていくのだが、これが結構ややこしい。「原因は上だったっけ下だったっけ？」ということになりがちだ。また、普段われわれは「原因－結果」という用語でものを考えるということをあまりしていないので、急に、原因は何、結果は何と考えようとしても、すぐに混乱してしまう。その場合は「なぜ？－なぜなら」で考えるとよい。「なぜこういう問題が起こっているのか？」を考えて、「なぜなら…」をその問題の下に位置づける。系図を発展させる際は、「なぜ－なぜなら、なぜ－なぜなら」、と下へ下へと広げていくとよい。

3.3.3　PCM3：目的分析

　目的分析は、問題が解決された将来の望ましい状態と、その状態に導くための手段と目的の関係を、わかりやすいように系図（目的系図）の形にまとめる作業。先の問題系図に表された望ましくない状態を、問題が解決された望ましい状態に書き換え、さらにその状態に導くための具体的な手段を考える。

目的系図では、問題が解決された望ましい状態（目的）を上に、その状態を達成するための手段を下に配置する。系図に示された1つの目的は、上位の目的を導くための手段でもあり、同時に、下位の手段によって導かれる目的でもある。したがって、目的系図の論理構成は「手段－目的」である。言い換えると、目的系図の上下の関係は、もし（if）下位の手段が達成されれば、それによって（then）上位の目的が達成されるという、「if-then」の関係である。

> **目的分析の手順**
> 1　問題系図に示された望ましくない状態を、問題が解決された望ましい状態に書き換える
> 2　書き換える際には、それが真に望ましい状態か、実現可能か、必要十分かを確認する
> 3　確認した結果、必要であれば、目的を変更する、手段を追加する、不要な目的を削除するなどの修正を加えて系図を完成させる

1　問題系図に示された問題の否定的な状態を、それが解決された肯定的な状態に書き直す。「雨が降らない」という問題を「雨が降る」に書き直すといった具合に、なかば機械的に単純に書き直す。

2　ただし、書き直す際に、書き直した結果が ①真に望ましい状態か、②実現可能か、③必要十分かを考える。

3　たとえば、農業プロジェクトの目的分析で、「雨が降らない」を「雨が降る」に書き直す。しかし、それは人間の力で実現できるものではない（②）。であれば、「雨が降る」に書き直すのではなく、雨が降らなくても田畑に水が行くような手段を考える。たとえば「小規模灌漑が導入される」といった具合に。あるいは、女性の健康問題に関して、「多産である」という問題があるとする。それを単純に書き直すと「少産である」になる。しかし、子供が少ないことがその地域の人々にとって真に望ましいことなのか？（①）。もしそれが望ましいことでないのなら、一歩戻って、多産の何が真の問題な

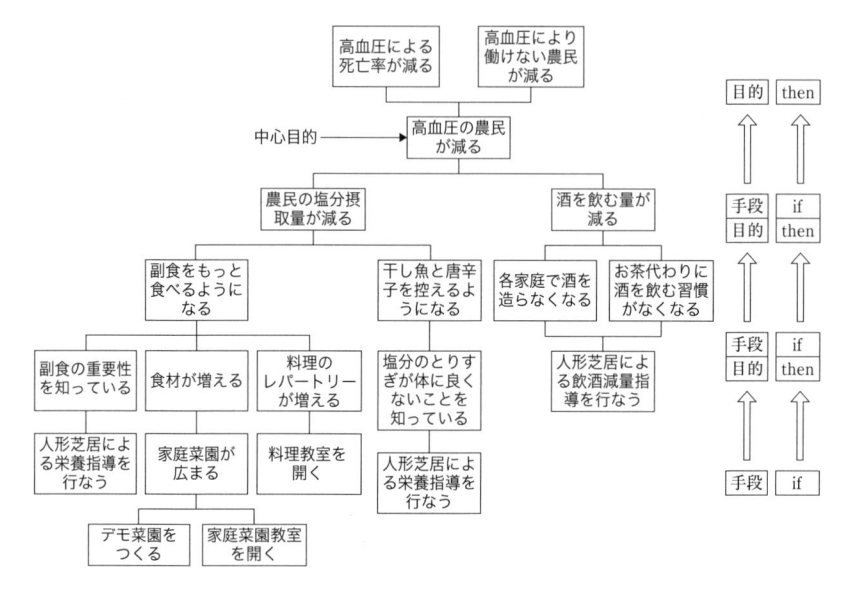

図 3-3　目的系図（例）

のかを考え直す。たとえば、子どもを多く生むこと自体が女性の健康問題なのではなく、出産から次の出産までの間隔が短く、母体が健康な状態に復す前にまた妊娠出産を繰り返すことが「多産である」ことの真の問題であるとわかったとする。そうであれば、「少産である」に書き直すのではなく、「適切な出産間隔が取られる」に書き直す。また、1つの問題を解決するためにいくつもの手段を講じる必要があるかもしれない（③）。そうであれば、必要なだけの手段を書き加える。

なぜかPCMと言えば問題分析と思っている人が多い。クライアントから、「とりあえず問題分析をしっかりやってください」と頼まれることもよくある。目的分析は問題分析を裏返す作業、といった程度に思われ、軽視されているのかもしれない。だが、プロジェクトは問題を解決するために実施するのだから、考えるべきは問題解決の「手段」であるはず。問題分析で現状がどんなにしっかり分析できても、解決手段が不十分では、プ

ロジェクトの効果は期待できない。また、第4章で詳しく説明するが、計画プロセスで WBS（作業の細分化）を行なう際に用いられるのは目的系図である。WBS は、工程を組んだり、人員を配置したり、見積もりを立てたりといった、すべての計画作業の基礎になる重要な作業だ。その WBS のもとになるのが目的系図なのである。そういった意味でも、目的分析は非常に重要な作業であることを強調しておきたい。

3.3.4 PCM4：プロジェクトの選択

目的系図が適切につくられれば、系図に示された問題解決手段をすべて実行すれば、中心的な問題は解決されるはずである。しかし現実には、ひと・もの・かね・時間といった資源の制約があり、すべてを実行するわけにはいかない。そのため、目的系図に示された解決手段の中から、最も効果的・効率的に中心的問題の解決につながる部分を選択して、それをプロジェクトとして立案することになる。これがプロジェクトの選択作業である。プロジェクトの選択は、目的系図の中から複数のプロジェクト案を識別し、それらを比較することによって実行プロジェクト案を採択するという手順で行なう。

プロジェクトの選択の手順

1　目的系図の中で、プロジェクトの候補となりうる枝葉を確認し、線で囲む
2　線で囲ったものの中から、プロジェクトの代替案として不適切なもの、実施が困難と考えられるものを、比較の対象から除外する
3　残った代替案を比較するための比較基準を選ぶ
4　比較基準を用いて代替案を比較検討し、採択案を決定する

1　目的系図を見ると、いくつかの手段—目的の枝葉が階層構造をもったグループを形成し、プロジェクトの原型をなしているのがわかる。そこで、プロジェクトの目的とおおよその予算と期間を念頭に

置いて、プロジェクトの原型となりうるグループを確認し、線で囲む（図3-4）。

2 　線で囲ったグループがプロジェクトの候補、代替案である。しかし中には、囲ってはみたものの、そもそも目指している目的を達成するには迂遠なものや、実施が困難と思われるものもあるかもしれない。そういうものがあれば、それらは代替案から除外する。

3 　残った代替案を相互に比較するための比較の基準を選ぶ。比較の基準には以下のようなものが考えられるが、プロジェクトによって、あるいはプロジェクト実施機関のポリシーによって、適切な比較基準は変わってくるので、適宜、追加・変更し、適切な比較基準を選ぶ。

比較基準の例
- ターゲットグループ、その規模等
- 受益者／顧客のニーズ
- 政策的／経営的優先度
- 必要な資源（人員、機材等）
- 費用
- 費用便益比
- 技術的難易度
- リスク
- 目標達成可能性
- 上位の目標への貢献度
- 評価5項目（第6章参照）

　なお、この時点で、目的系図の一部を切り取ってプロジェクト実施案にしたことにより、個々の実施案のターゲットグループが、当初決めたものと変わってくることがある。単純に言うと、小さく切り取れば、ターゲットグループも小さくなってくるということである。実際にはそう単純なものではないので、個々の実施案のターゲットグループが誰になるかを逐一検討する必要がある。上記の「比較基準の例」の最初にターゲットグループが入っているのはそのためである。

4 　比較表を用いて代替案を比較し、採択案を決定する（表3-3）。PCMでは大、中、小といった程度の大まかな比較を行ない、それを目安に、あとは議論をして採択案を決めている。これは、以下に述べる「スコアリング・モデル」の簡易版とも言うべきもので、比

第3章 立ち上げ 51

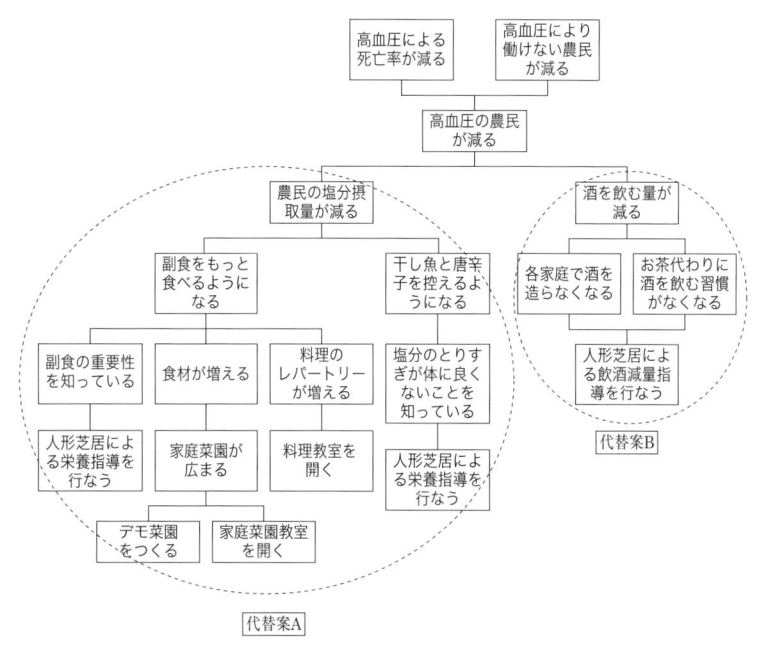

図3-4 プロジェクトの選択 1 代替案を線で囲む

表3-3 プロジェクトの選択 4 代替案を比較検討する

比較基準	代替案A	代替案B
ターゲットグループ	B村の村民、約600人	B村の成人男女、約300人
ターゲットグループのニーズ	高い（食生活改善）	高い（飲酒減量）
ターゲットグループのウォンツ	中くらい（食生活改善）	低い（飲酒減量）
政策的優先度	高い	中くらい
必要な資源	大きい (人形芝居道具、教材、レシピ集、家庭菜園用農具ほか)	小さい (人形芝居道具のみ)
費用	中くらい	小さい
技術的難易度	中くらい (家庭菜園が難しい)	小さい (人形芝居のみ)
目的達成可能性	高い（塩分の減量）	低い（飲酒の減量）
上位目標貢献度	高い (高血圧防止への貢献度)	中くらい (高血圧防止への貢献度)
リスク	中くらい (料理のメニューを変えることへの抵抗)	高い (飲酒の習慣を変えることへの抵抗)

較の方法はこれ以外にもいくつかある。

　上で、PCMのプロジェクト選択の比較手法はスコアリング・モデルの簡易版だと言ったが、ここで代替案の比較手法について少し説明しよう。代替案の比較の手法は以下のように体系化される（図3-5）。

　代替案の比較手法は、まず数値化モデルと非数値化モデルに分かれる。数値化モデルは、さらに財務モデルとスコアリング・モデルに分かれる。

　財務モデルは代替案の財務収益を比較するもので、主な手法としては回収期間、投資収益率、正味現在価値、内部収益率などがある。これらについては巻末の「補遺2」で概要を紹介する。

　スコアリング・モデルは、比較の基準を定め、基準ごとに代替案を比較する方法で、PCMの比較手法はこれに該当する。スコアリング・モデルにもいくつかのやり方があるが、重みづけスコアリング・モデルが一般的である。これは、比較基準に重みをつけ、比較結果を得点で表し、重みと得点を掛け合わせたものを合計して、合計値の高いものを選ぶというやり方である（表3-4）。重みと得点のつけ方は、過去のデータなどをもとに、プロジェクトごとに設定することもあれば、組織の経営方針に基づいて、一定の比較基準とその重み、および得点のつけ方を標準化している組織もある。

　非数値化モデルは、市場傾向の予測、消費者嗜好の動向、新規市場参入のタイミング、企業イメージ、社会的責任、環境配慮などといった、数値

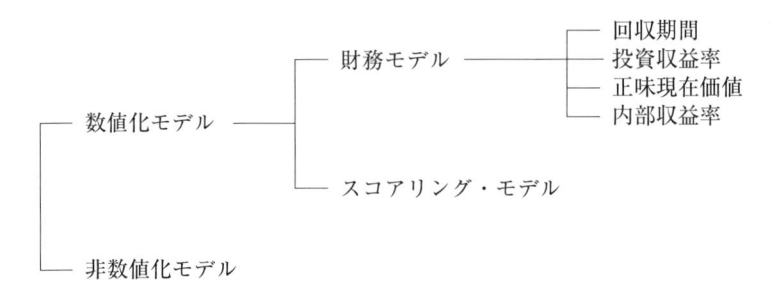

図3-5　代替案比較手法

表3-4　重みづけスコアリング・モデル

比較基準	重み	代替案A 得点	代替案A スコア	代替案B 得点	代替案B スコア
ターゲットグループ	40	60	2,400	30	1,200
ターゲットグループのニーズ	60	75	4,500	75	4,500
ターゲットグループのウォンツ	50	50	2,500	25	1,250
政策的優先度	30	75	2,250	50	1,500
必要な資源	30	25	750	75	2,250
費用	20	50	1,000	75	1,500
技術的難易度	40	50	2,000	25	1,000
目的達成可能性	60	75	4,500	25	1,500
上位目標貢献度	60	75	4,500	50	3,000
リスク	30	50	1,500	25	750
合計			25,900		18,450

注）費用、技術的難易度、リスクなど、マイナスの要因は、その比較結果が大きいほうが得点が小さくなっていることに注意。

化できないさまざまな要素を比較検討するものである。一言で言えば、経営者の経営判断、あるいは政策決定者の政策判断である。

　これらの比較手法は単独で用いることもあれば、組み合わせて用いることもある。財務モデルとスコアリング・モデルを組み合わせれば、それだけ詳細で確かな比較ができる。それらの数値をふまえたうえで経営者あるいは政策決定者が判断を下す（非数値化モデル）と、財務モデルとスコアリング・モデルと非数値化モデルを組み合わせたことになり、判断に一層強固な根拠が提供されることになる。

　ただし、手法をたくさん使って精緻な比較をしさえすればよいというものではない。精緻な比較をしてプロジェクトを選ぶこととプロジェクトの成功は別問題だ。また、これらの比較の作業にも時間と労力とお金がかかる。作業の費用対効果を考えて比較手法を選ぶことが重要である。そういう意味では、PCMの大、中、小という大まかな比較も、一概に粗雑なものとは言えないし、多くのプロジェクトはこれで十分に用を足しているのが現実である。

3.3.5　PCM5：ログフレーム

　以上のステップを経てプロジェクトが選択されたら、その結果をログフレーム（ロジカル・フレームワーク）にまとめる。ログフレームは、プロジェクトの目標、成果、活動、投入、外部条件などの主要な情報を 4×4 のマトリックスにまとめたもので、PMBOK® の「プロジェクト・スコープ記述書」に相当する。ログフレームすなわちプロジェクト・スコープ記述書は、これをプロジェクト関係者間で共有することにより、プロジェクト・スコープの共通理解を確立・確認し、その後のプロジェクトにおける意思決定の基盤となる文書である。

　ログフレームは、プロジェクトの主な要素とそれらの論理構成までが一目で見渡せる1枚紙（one page summary）で、プロジェクト・スコープ記述書の書式としては非常に優れたものと言える。開発援助の世界では、世界中の多くの援助機関が50年以上にわたってログフレームを用いてきており、一種の世界の共通書式、共通言語になっている。

　次頁にログフレームのフォーマットを示し、次々頁以降にログフレームの各項目を解説する。

第3章　立ち上げ　55

表3-5　ログフレーム

プロジェクト名：＿＿＿＿＿＿＿　期間：＿＿＿＿＿＿＿＿＿＿＿＿　Ver.No.：＿＿＿＿＿＿

対象地域：＿＿＿＿＿＿＿＿＿　ターゲットグループ：＿＿＿＿＿　作成日：＿＿＿＿＿＿

プロジェクトの要約	指　標	指標入手手段	外部条件
上位目標 プロジェクト目標が達成されたことによりもたらされる、より上位・より長期の問題改善効果。 プロジェクトのインパクト。	上位目標の達成目標値を示す指標。	上位目標の指標の情報源。	上位目標よりさらに上位の目標があれば、それを達成するために必要な条件。
プロジェクト目標 プロジェクト終了時までに達成されることが期待される、プロジェクトの直接目標。ターゲットグループへの便益やその行動変容、システムや組織の業績改善効果など。	プロジェクト目標の達成目標値を示す指標。	プロジェクト目標の指標の情報源。	上位目標を達成するために必要な条件。 プロジェクト目標と上位目標をつなぐ条件。 上位目標の達成に関するリスク。
成　果（アウトプット） プロジェクト目標を達成するためにプロジェクトが生み出す、具体的な財やサービス。中間成果物。	成果の達成目標値を示す指標。	成果の指標の情報源。	プロジェクト目標を達成するために必要な条件。 成果とプロジェクト目標をつなぐ条件。 プロジェクト目標の達成に関するリスク。
活　動 成果を達成するためにプロジェクトが行なう主な活動。	**投　入** 活動を行なうために必要な人材、機材、資金などといった資源。		成果を達成するために必要な条件。 活動と成果をつなぐ条件。 成果の達成に関するリスク。
			前提条件 プロジェクトを開始するために必要な条件。 活動を行なうために必要な条件。 活動の実施に関するリスク。

(1) プロジェクトの要約

プロジェクトが有する複数の目標を階層別に表示した列。プロジェクトの波及効果を示す「上位目標」、プロジェクトの直接的な目標を示す「プロジェクト目標」、プロジェクトが生み出す具体的な財やサービスを示す「成果」、成果を生み出すための主要な活動を示す「活動」からなる。

プロジェクトの選択で採択された目的系図の「手段－目的」の構成をそのまま移行し、さらに追加、削除等の修正を加えて作成する（図3-6）。

目的系図の「手段－目的」の構成をそのまま移行するということは、目的系図の論理構成は「if-then」であるから（図3-3）、それを移行してつくったログフレームの「プロジェクトの要約」欄の論理構成も「if-then」になるということである（図3-7）。

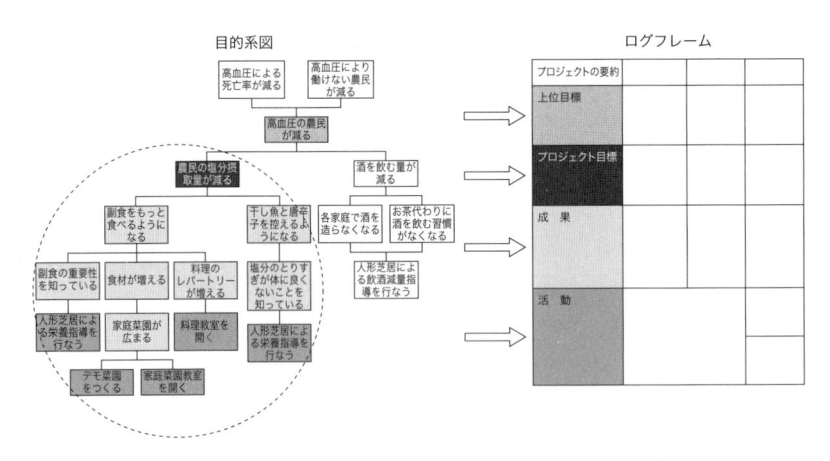

図3-6 目的系図と「プロジェクトの要約」欄の関係

プロジェクトの要約			
上位目標			
then			
プロジェクト目標			
if			
then			
成　果			
if			
then			
活　動			
if			

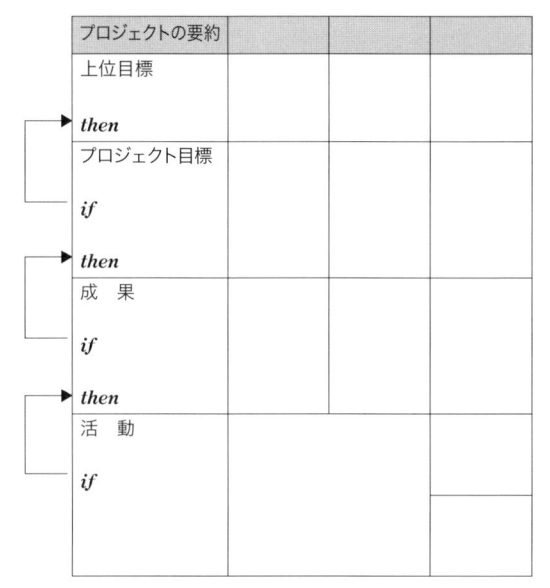

図3-7　「プロジェクトの要約」欄の論理構成（if-then）

(2) 指標

「プロジェクトの要約」欄に記載された各目標が目指す目標値。各目標の定義でもある。指標は、具体的で、客観的に検証可能でなければならない。そのためには、指標に以下の要素を盛り込むことが求められる。

時間	：いつまでに
場所	：どこの
グループ	：誰の
データの種類	：何が
質	：どのような質で
量	：どれだけ

⇒　2014年までに、B村の全世帯で、5大栄養素が含まれている食事をしている世帯が、2013年時点より20％増えている。

　目標の達成度合いを直接測定することが難しい場合には、代替指標（Proxy Indicator）を用いる。間接指標である。たとえば、開発途上国の農民の収入向上を直接調査することが難しい場合、収入の向上を指標にす

るのではなく、自転車やテレビを新たに購入した世帯の数や、わらぶき屋根からトタン屋根に変わった家の数などを収入に代わる代替指標として用いる。

(3) 指標入手手段

指標を検証するための情報の入手手段。プロジェクトの内外で作成された統計資料、調査記録、報告書など。どこのどういうタイトルの資料かを明記する。必要な情報が存在しない場合は、プロジェクトがデータを収集・加工しなければならない。その場合は、データ収集と加工をプロジェクトの「活動」としてログフレームに明記する必要がある。データの収集・加工には、相当の時間、コスト、労力がかかるからである。

(4) 外部条件

外部条件とは、1）プロジェクトの成功のために必要だが、2）プロジェクトではコントロールできず、3）満たされるかどうか不確かな条件をいう。ログフレームの「プロジェクトの要約」の列に記されたある目標が達成されたうえで、さらにその上位の目標が達成されるために必要な条件のこと。外部条件が満たされなかった場合、プロジェクトの成功がおびやかされることになるため、外部条件はプロジェクトにとっての外部リスクである。したがって、プロジェクト実施中は、外部条件が満たされるかどうかをつねにモニタリングしている必要がある。

先に説明したとおり、「プロジェクトの要約」欄の諸目標は、目的系図と同じ「if-then」の論理を構成している（図3-7）。そこに、下位と上位の目標をつなぐために必要な外部条件を加えることにより、ログフレームの論理は、「if-then」の論理から、「if-and-then」の論理へと拡大される（図3-8）。先に、ログフレームはプロジェクトの主な要素とそれらの論理構成までが一目で見渡せる、と言ったのはこのことである。

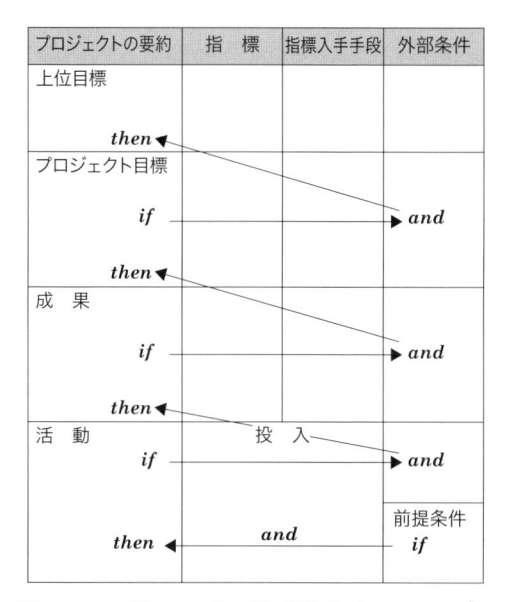

図 3-8　ログフレームの論理構成（if-and-then）

(5) 投入

活動を行なうために必要な資源（リソース）。人員、機器、資材、資金などを具体的に記載する。

(6) 前提条件

プロジェクト開始の前提となる条件。この条件が満たされなければ、プロジェクトは開始できない。ならびに活動を行なうために必要な条件。この条件が満たされなければ、プロジェクトが始まっても活動ができない。

前提条件は外部条件の一番下のレベル、と誤解されることが多いが、外部条件と前提条件は概念が異なる。外部条件は「満たされるかどうか不確かな条件」だが、前提条件は、プロジェクト開始前に「満たされていなければならない条件」である。したがって前提条件は、プロジェクト実施機関やプロジェクト発注者に対する要求事項、開発援助プロジェクトであれば、被援助国側関係機関に対する要求事項になることが多い。

第2章で評価5項目の「持続性」について触れたが、ここで紹介したPCMのステップにしたがってプロジェクトを立案しても、その立案結果に「持続性」の視点が自動的に盛り込まれることはない。なぜなら、上で説明したとおりPCMでは現存する問題の分析から出発してプロジェクトを立案するが、現存する問題は今現在の問題であり、そこに将来のプロジェクト成果の持続性（運用）に関する問題は存在しないのである。したがって、プロジェクトに「持続性」の視点を盛り込むためには、特に意識してどこかの段階であえて盛り込む必要がある。どこで盛り込むかだが、「プロジェクトの選択」で比較基準に「持続性」を加えて代替案ごとの持続性の比較検討を行ない、ログフレーム作成の段階で持続性のための活動および投入を盛り込むのが適当であろう。

　これで立ち上げプロセスはほぼ完了だが、最後にもう1つつけ加えておきたい。プロジェクトの目標に関してだが、少なくともログフレームの「プロジェクト目標」と「成果」は、それを読んだすべての人が達成時の具体的なイメージを描けるまでに、具体的に、明確に、してもらいたい。あなたが読んで「なんだか抽象的で曖昧でよくわからない」と思うようなプロジェクト目標は、他の人たちもよくわかっていないのだ。目標が共有できていないプロジェクトは必ず失敗する。

　では、どうすればよいのか。プロジェクト目標や成果を具体的に明確にするためには、立ち上げプロセスに時間をかけること、そして、プロジェクトマネジャーをはじめとする主要なステークホルダーがそのプロセスに参加することだ。「まだ曖昧でわかりにくいけど、とにかく走り出して、走りながら、追い追い明確にしていこう」と思っていても、明確にするチャンスはこない。図2-5をもう一度見てもらいたい。立ち上げ段階の今が、目標を明確にする最大のチャンスなのだ。あとは日を追うごとに変更するのが難しくなっていくばかりだ。

　引用を1つ。「アメリカの調査会社によるプロジェクトマネジメント関連の統計では、プロジェクトの約7割は失敗し、失敗に繋がる要因の約90％はプロジェクトの初期段階にあることが示されている。…作為、無

表3-6　ログフレーム（例）

プロジェクト名：A国B村食生活改善プロジェクト　実施期間：2013年7月〜2014年6月（1年）　Ver.No.1
対象地域：ヒマラヤA国東部B村　ターゲットグループ：B村村民600人75世帯　作成日：2013年7月3日

プロジェクトの要約	指　標	指標入手手段	外部条件
上位目標 高血圧の村人が減る	2014年12月までにB村の高血圧患者が20％減っている	栄養指導員による半年毎の血圧検査結果	
プロジェクト目標 村人の塩分摂取量が減る	2014年6月までに村人の塩分摂取量が30％減っている	プロジェクトおよび栄養指導員による4半期ごとの聞き取り調査結果	塩分以外の要因で高血圧になる人が増えない
成　果 0. プロジェクトの実施体制が整っている 1. 副食の重要性を知っている 2. 食材が増える 3. 料理のレパートリーが増える 4. 干魚と唐辛子を控えるようになる	（1〜3）2014年6月までに副食の量とレパートリーが30％増えている （4）2014年12月までに干し魚と唐辛子の摂取量が半減している	プロジェクトおよび栄養指導員による4半期ごとの聞き取り調査結果	塩分の多い調味料や食材が他から流入しない
活　動 0.1 宿兼プロジェクト・オフィスの確保 0.2 村長と村役場に挨拶と趣旨説明 0.3 村の集会で村人に趣旨説明 0.4 村人の食事内容調査と血圧検査 1.1 人形芝居の場所をさがす 1.2 人形芝居の内容を再検討する 1.3 リハーサルをする 1.4 住民に開催を知らせる 1.5 人形芝居の開催 2.1 デモ菜園の場所をさがす 2.2 デモ菜園の作物をさがす 2.3 家庭菜園教室の教材作成 2.4 住民に開催を知らせる 2.5 デモ菜園で家庭菜園教室の開催 3.1 料理教室の場所をさがす 3.2 料理教室のメニューを決める 3.3 料理教室の食材入手 3.4 レシピー集の作成 3.5 住民に開催を知らせる 3.6 料理教室の開催 4. 1.1〜1.5と同じ		**投　入** 通訳 人形芝居道具一式（日本から持参） 教材・レシピ集用紙 教材・レシピ集用作成用文具 家庭菜園用農具（B村に準備してもらう） 家庭菜園用資材（B村に準備してもらう） 料理教室用食材 8人分（おたべ＋教授）の渡航費 8人分（おたべ＋教授）の宿泊費	家庭菜園に必要な水（雨）が十分にある 食事内容が変わることに、夫や姑の反対がない **前提条件** ・村人がプロジェクトを受け入れる ・主婦が料理教室等に参加することを家族が反対しない ・村役場の栄養指導員が、プロジェクトの協力員になってくれる

作為にかかわらず、プロジェクトマネジャーが、定義づけのプロセスを省略して節約した時間とエネルギーは、下流工程での膨大な手直しの作業というリスクを考えれば、無に等しい」[*]。ここで言われている定義づけのプロセスとは、立ち上げプロセスのことである。

　ログフレームができあがると立ち上げプロセスはほぼ完了である。残る作業は、ログフレームをもってプロジェクトの概要を関係者（ステークホルダー）に周知し、プロジェクト実施の正式な承認を取りつけること。そして、プロジェクト実施機関のゴーサインを受けて、いよいよプロジェクトが動き始める。

---

[*] 『先制型プロジェクトマネジメント』長尾清一（ダイアモンド社、2003年）。

第 **4** 章

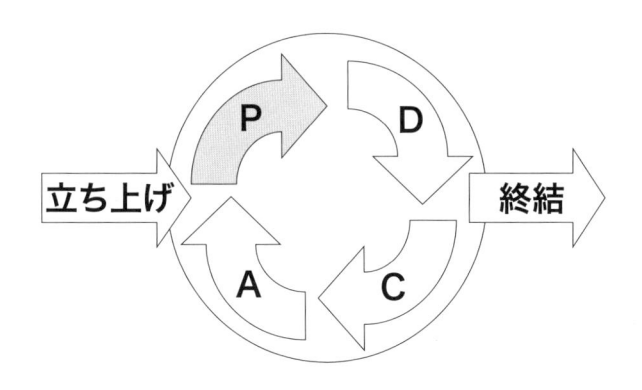

計　画

第4章 計画

4.1 計画プロセスの概要

　立ち上げプロセスが完了すると、プロジェクトは計画プロセスに入る。プロジェクトの活動を行なっていくための詳細な計画をつくるプロセスである。計画プロセスの主要な要素は、作業の細分化（WBS）、スケジューリング、予算見積もり、人員配置、コミュニケーション計画、リスク管理計画の6つである。

　これまでに、プロジェクトは前例のない独自なものを創造する試みだから先が見えない、そのために計画は変更が前提とされており、段階的に詳細化されなければならないと言ってきた。その一方で、立ち上げ・計画段階に十分な時間をかけて、先を見通したしっかりした計画を立てなければならないとも言ってきた。矛盾しているように思われたかもしれないので、整理をしておこう。

　まず、立ち上げプロセスは、定義づけプロセスとも呼ばれるように、プロジェクト目標や成果といった大きな目標や方向性を定義づけるプロセスである。目標や方向性が曖昧だったり、関係者間で理解が統一されていないと、プロジェクトは迷走する。したがって、立ち上げ段階には十分な時間をかけて、目標や成果を可能な限り明確にしておく必要がある。

　目標や成果が明確であれば、それを実現するための詳細計画を立てる計画プロセスの作業も比較的容易になる。少なくとも、短いスパンで現実的な詳細計画を立て、半年、1年といったスパンで見直すことによって、計画を段階的に詳細化していくことができるだろう。

　では、プロジェクト目標や成果ですら明確にできない場合はどうか。新規性の高いプロジェクトや、現地の状況が十分に把握できていないプロジェクトでは、目標や成果ですら段階的に詳細化していかなければならな

いことがある。このような場合は、当然、活動も明確にはならない。活動内容が不明確な場合に、時間をかけて計画を立てることにどういう意味があるのか？　それでもやはり、時間をかけて、可能な限りしっかりした計画を立ててもらいたい。なぜなら、それが不明確なものを明確にしていくプロセスだからだ。

　計画はシミュレーションである。活動を細分化し、スケジュールを立て、予算を見積もるのは、将来の状況を想像し、視覚化し、見通す作業である。この作業を通じて、曖昧さを減少させ、不確実性を低減させる。実行プロセス（第5章）で「ビジョニング」というツールを紹介するが、ビジョニング、つまりシミュレーションはすでに立ち上げ・計画段階から始まっているのである。

　計画プロセス全体にかかわることとしてもう1つ言っておきたいのは、計画作業も参加型で行なうべきだということである。詳細計画は、プロジェクトで行なわれる作業ひとつひとつに関して、どの作業を、誰が、いつ、いくらでやるかを計画する作業である。そうであれば、その作業を実際に行なう当事者がそれを考える必要がある。自分の仕事だ。自分で考えることである。

　作業を行なう各人が、将来のプロジェクトの状況を想像し、頭の中で映像化し、視覚化しながら、他のチームメンバーや関係者と議論を重ねて計画を練っていく。そうすることによって、プロジェクト目標、成果物、それらを生み出すための活動といった、プロジェクトの主要な構成要素に関する理解と認識を関係者が共有するようになる。プロジェクトの成功は、目標の明確化と、関係者がそれを共有すること、この2点にかかっているのである。

　以上のことを背景に、計画のためのツールを以下に紹介する。計画プロセスの最初の作業は、プロジェクトでやるべきことを洗い出す作業である。

4.2 WBS

WBS（Work Breakdown Structure）は、プロジェクトで行なうすべての作業（活動）を、管理可能なレベルにまで細分化し、階層構造をもった系図や一覧表の形で表したものである。管理可能なレベルとは、時間、コスト、資源（人員や資機材）の見積もりができるレベルであり、成果物を生み出すための一連の作業を、ひとまとまりの作業（ワークパッケージ）として進捗管理できるレベルである。また、プロジェクトのリスクもWBSの個々の作業ごとに洗い出す。

ということは、WBSは、時間管理、コスト管理、資源管理、進捗管理、リスク管理といった、すべてのプロジェクトマネジメントのもとになる、ということである。WBSはプロジェクトマネジメントの核であると言われるのはそのためだ。

WBSは成果物を上から下へとブレークダウンしていって作成する。プロジェクト目標を要素成果物に分解し、要素成果物をさらにその構成要素に分解し、といった具合に、成果物をどんどんブレークダウンしていき、もうこれ以上成果物として分解できないというレベルに達したら、今度はそれらの成果物をつくるための一連の作業を洗い出す。この一番下のレベルの作業のかたまりを「ワークパッケージ」と呼ぶ。WBSの作業が一通り終わったら、WBS上のすべての成果物や作業に識別子（連番）をつける。これを「WBSコード」と呼ぶ（図4-1）。

一般的なWBSの作成手順

1　プロジェクト目標を明確にする
　　このプロジェクトは何を達成するのか？
2　プロジェクト目標を要素成果物に分解する
　　プロジェクト目標を達成するための主要な成果物は何か？
3　各要素成果物をその構成要素に分解する
　　要素成果物は何からできているか？

> 4 各構成要素を生みだすための活動を洗い出す
>   各構成要素を生みだすために何をするのか？
> 5 すべての成果および活動に WBS コードを付す

ところで、図4-1はどこかで見た図ではないだろうか？　そう、立ち上げプロセス（第3章）で見た PCM の目的系図だ。立ち上げプロセスで PCM 手法を用いた場合、そこでつくった目的系図を加工することで比較的容易に WBS が作成できるのである。

PCM 以外の方法でプロジェクトを立ち上げた場合、目的系図のようなものは通常存在しない。そのため、上記の一般的な手順にしたがって、プロジェクト目標から順にブレークダウンしていかなくてはならない。これは慣れていないと結構面倒な作業だ。見落としも出てくる。しかし、PCM を用いて立ち上げを行なった場合、振り返ってみるとすでに WBS がなかばできあがっている。これは PCM を用いた場合の非常に大きな利点と言えるだろう。

図4-2のような系図の形の WBS は、全体の構成が一目で見渡せて非常に便利だが、大きなプロジェクトになると巨大な図になり、あつかいにくくなる。また、このあとスケジューリングや人的資源管理などの作業を行

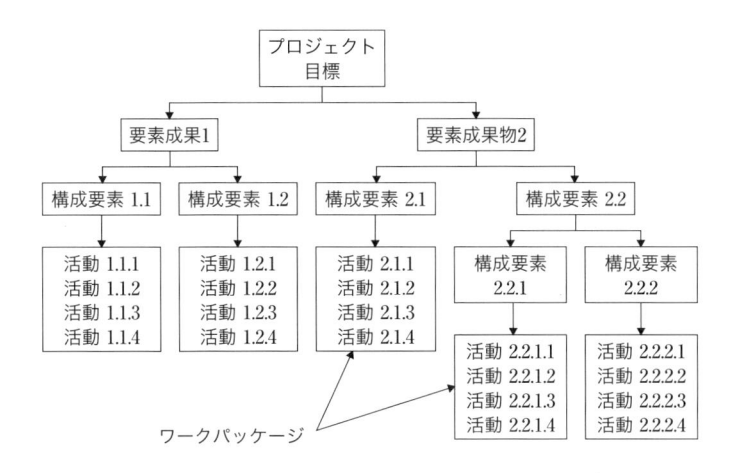

図4-1　WBS 概念図

なう際にも、系図のままでは使いづらい。そのため、この時点で一覧表形式のWBSも作成しておく（表4-1）。

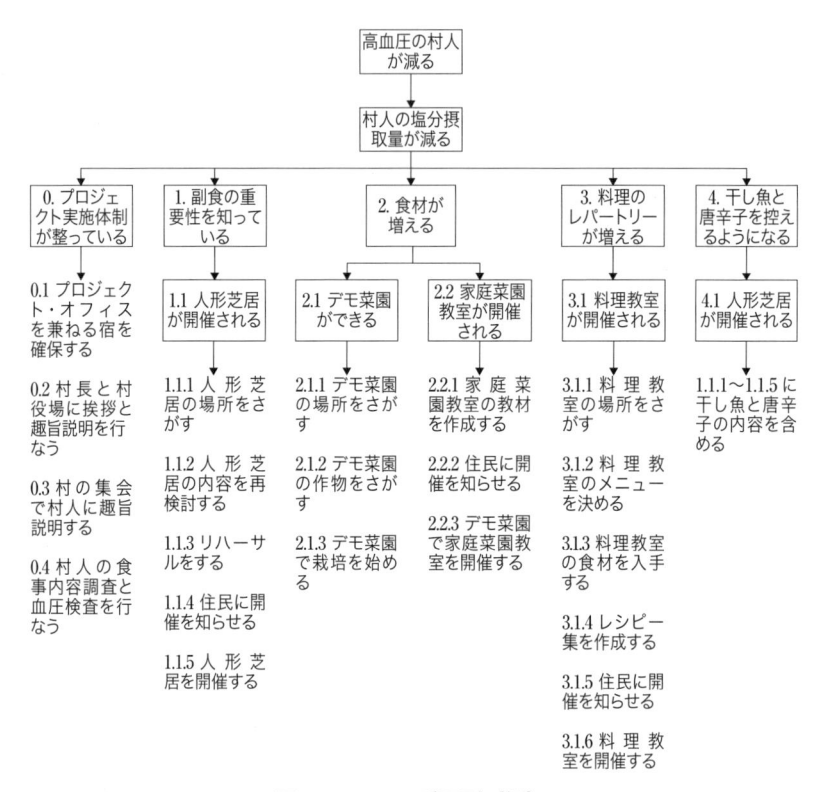

```
                          高血圧の村人
                          が減る
                               │
                          村人の塩分摂
                          取量が減る
    ┌──────────┬──────────┴──┬──────────┬──────────┐
0. プロジェ   1. 副食の重    2. 食材が    3. 料理の     4. 干し魚と
クト実施体制   要性を知って   増える      レパートリー   唐辛子を控え
が整っている   いる                      が増える      るようになる
    │          │          ┌───┴───┐       │             │
0.1 プロジェク 1.1 人形芝居  2.1 デモ菜園 2.2 家庭菜園 3.1 料理教室   4.1 人形芝居
ト・オフィス  が開催される  ができる    教室が開催    が開催される   が開催される
を兼ねる宿を                          される
確保する
              1.1.1 人形芝  2.1.1 デモ菜 2.2.1 家庭菜 3.1.1 料理教  1.1.1～1.1.5に
0.2 村長と村  居の場所をさ  園の場所をさ 園教室の教材 室の場所をさ   干し魚と唐辛
役場に挨拶と  がす          がす         を作成する  がす          子の内容を含
趣旨説明を行                                                         める
なう          1.1.2 人形芝  2.1.2 デモ菜 2.2.2 住民に 3.1.2 料理教
              居の内容を再  園の作物をさ 開催を知らせ 室のメニュー
0.3 村の集会  検討する      がす         る           を決める
で村人に趣旨
説明する      1.1.3 リハーサ 2.1.3 デモ菜 2.2.3 デモ菜 3.1.3 料理教
              ルをする      園で栽培を始 園で家庭菜園 室の食材を入手
0.4 村人の食                める         教室を開催する する
事内容調査と  1.1.4 住民に開
血圧検査を行  催を知らせる                            3.1.4 レシピー
なう                                                  集を作成する
              1.1.5 人形芝
              居を開催する                            3.1.5 住民に開
                                                      催を知らせる

                                                      3.1.6 料理教
                                                      室を開催する
```

図 4-2　WBS 系図型（例）

表 4-1 WBS 一覧表型（例）

成　果		ワーク・パッケージ
0. プロジェクト実施体制が整っている		0.1 プロジェクト・オフィスを兼ねる宿を確保する
		0.2 村長と村役場に挨拶と趣旨説明を行なう
		0.3 村の集会で村人に趣旨説明する
		0.4 村人の食事内容調査と血圧検査を行なう
1. 村人が副食の重要性を知っている	1.1 人形芝居が開催される	1.1.1 人形芝居の場所をさがす
		1.1.2 人形芝居の内容を再検討する
		1.1.3 リハーサルをする
		1.1.4 住民に開催を知らせる
		1.1.5 人形芝居を開催する

（成果 2、3、4 は省略）

　WBS に示された作業（活動）はプロジェクトが実行しなければならない作業である。言い換えると、WBS に書かれていない作業はプロジェクトの仕事ではない、ということになる。そこで、WBS をステークホルダーと共有するという話が出てくる。関係者がそれぞれ手元に WBS をもつことにより、プロジェクト・スコープに関する理解が統一される。WBS はスコープ管理にも使われる、ということである。

　計画作業を参加型で行なうことについてはすでに本章の冒頭で触れたが、特に、WBS の作成はプロジェクトチームのメンバーが全員参加して行なうべきである。自分たちがこれからやる仕事の洗い出しを人任せにしてよいはずがない。また、この作業を行なうことによって、チームメンバー各自がプロジェクト全体の中での自分の仕事の位置づけを確認する絶好の機会になる。また実際問題として、一定以上のレベルの詳細化はその作業の担当者にしかできない場合がほとんどである。

　WBS をつくっていると、「どこまで細かく細分化すればいいのか」という疑問にぶつかる。しかし、これには絶対の回答はない。文献によって、3 から 4 レベルというものもあれば、4 から 5 レベルというものもある。また、「8/80 ルール」（80 時間ルール）ということも言われる。これは、

ワークパッケージ・レベルの作業が8時間（1日）かからないのでは詳細すぎるし、80時間（2週間）以上かかるのでは大雑把すぎるので、8時間から80時間のあいだのレベルで細分化することを推奨する考え方である。同じ考え方で、「4/40ルール」（40時間ルール）ということも言われる。いろいろなことが言われているわけで、これが絶対というものはない。

抽象的になるが、以下のように考えるのが最も正解に近いと言えるだろう。

1. コスト、所要期間、所要資源量の信頼度の高い見積もりができるレベル
2. 進捗度測定のベースライン*が作成できるレベル
3. 各作業の責任と権限を明確化できるレベル

しかし現実的には、WBSのレベルはプロジェクトによっても異なるし、WBSを何のためにつくるのか、誰のためにつくるのかによっても違ってくる。新規性の高い不慣れなプロジェクトでは詳しくつくる必要があるし、類似経験の多い手慣れたプロジェクトであればそれほど詳しくなくてもよいだろう。また、作業担当者が自分の作業を管理するためにつくるのか、プロジェクトマネジャーが上司への報告のためにつくるのかによっても違ってくる。基本的な考え方として上記の1.～3.を念頭に置いたうえで、適宜、判断してレベルを決める、というのが実際の運用になる。

建設、製薬、ITなど、類似作業の繰り返しが多いプロジェクトを多数実施している組織では、WBSを標準化し、プロジェクトごとに修正して用いるということをする。標準化されたWBSはWBSテンプレートと呼ばれる。テンプレートの活用は、プロジェクト計画にかかる時間と見落としを劇的に減少させる効果があると言われている。米国のプロジェクトマネジメント協会（PMI）、国防省（DOD）、州政府などは、WBSテンプレートをホームページ上で公開している。

---

* ベースラインとは、時間軸に展開した計画値の推移。

4.3 スケジューリング

WBS でプロジェクトが行なうすべての作業が洗い出されたら、次に、それに基づいてプロジェクトのスケジュールを作成する。スケジュール作成の手順は以下のとおり。

スケジューリングの手順
1　WBS に示された各作業を行なうのに必要な人員と資機材を洗い出す。
2　それらの人員と資機材によって作業を行なった場合の、各作業の所要期間を見積もる。
3　WBS に示された各作業の前後関係を確認し、作業順序を決定する。
4　作業順序と所要期間をもとにスケジュールを作成する。

はじめに人員と資機材を洗い出すのは、誰が何を使って作業をするかによって、各作業に必要な時間が変わってくるからである。技術力や経験のある人が高性能の機材を使って作業にあたるのと、そうでないのとでは、当然、所用時間に大きな差が出てくる。先にスケジュールを決めてから要員を割り振るということがなされがちだが、それは順序が逆だ。

4.3.1　人員と資機材の洗い出し

上述のとおり、スケジューリングの最初の作業は、誰が何を使って個々の作業を行なうかを決める作業である。個々の作業を行なううえでどのような技術や経験が必要なのか、そういう技術や経験を身につけている人は誰なのか、その人はプロジェクトチームに参加できるのか、といったことを検討する。これはスケジューリングの作業だが、チーム編成の作業も同時に行なっていることになる。

資機材に関しても同様に、どのような資機材が必要なのか、それは手持ちのもので間に合うのか、あるいはプロジェクトで作成するのか（内製）、購入するとかリースするといったことが必要なのか（外製）といったこと

表4-2 人員と資機材一覧

成果	ワーク・パッケージ	責任者	作業員	資機材
0. プロジェクト実施体制が整っている	0.1 プロジェクト・オフィスを兼ねる宿を確保する	山本	山本 伊藤 渡辺	--
	0.2 村長と村役場に挨拶と趣旨説明を行なう	〃	全員	趣意書 (現地語)
	0.3 村の集会で村人に趣旨説明する	〃	全員	趣意書 (現地語)
	0.4 村人の食事内容調査と血圧検査を行なう	〃	全員	調査票、血圧計
1. 村人が副食の重要性を知っている	1.1 人形芝居が開催される			
	1.1.1 人形芝居の場所をさがす	佐藤	佐藤 鈴木 高橋	--
	1.1.2 人形芝居の内容を再検討する	〃	全員	裁縫道具
	1.1.3 リハーサルをする	〃	全員	人形他一式
	1.1.4 住民に開催を知らせる	〃	佐藤 鈴木 高橋	ビラ (現地語)
	1.1.5 人形芝居を開催する	〃	全員	人形他一式

(成果2、3、4は省略)

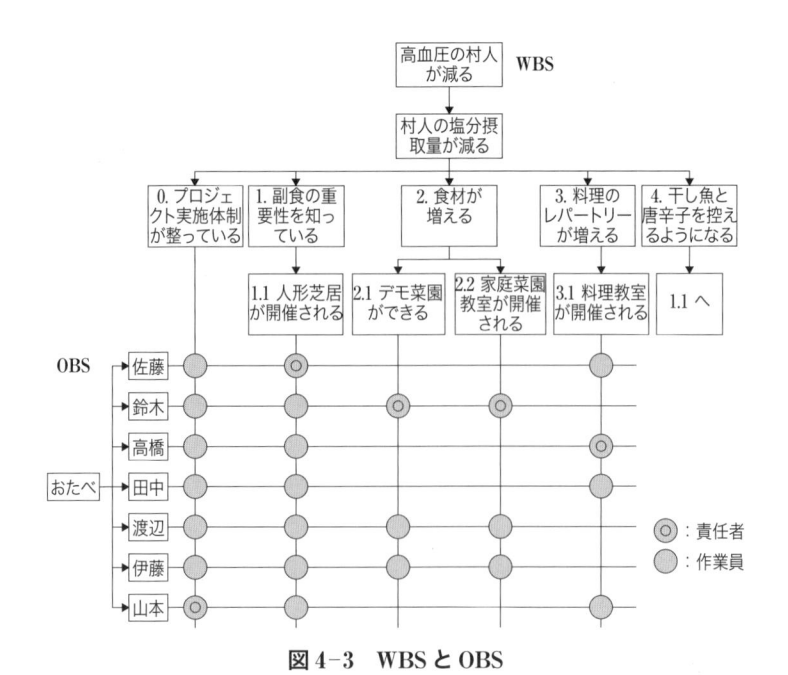

図4-3 WBSとOBS

を検討する。これは、スケジューリングの作業をしながら、調達計画を同時に行なっていることになる。

人員と資機材がおおよそ決まったら、一覧表型のWBSに追記する。（表4-2）

WBSとOBS（Organization Breakdown Structure）を組み合わせて使うと、役割分担と責任分担の明確化や、作業負荷の偏りの確認などが視覚的に行なえる。社内で部課をまたいで行なわれるプロジェクトの場合はOBSを会社の組織図にするなど、必要に応じて工夫をすることによって、さまざまな使い方が可能になる。（図4-3）

4.3.2 所要期間見積もり

誰が何を使ってそれぞれの作業を行なうかが決まったら、次に、個々の作業の所要期間を見積もる。ここで注意しなければならないのは、工数と所要期間を区別することである。

工数は、作業量や人工などとも呼ばれ、ある作業を1人で行なった場合にかかる正味の作業時間である。ブロック塀をつくるのに、1人でブロックを積んでいくと6日かかるとしたら、この作業の工数は「6人日」と表される。

一方、所要期間は実際にこの作業に要する時間である。たとえば、その作業を何人で行なうかによって所要期間は変わってくる。ブロックを積む6人日の作業を同じ能力の作業員が2人で行なえば所要期間は3日になる。また、2人のうちの1人が不慣れな作業員であれば、所要期間は4日になるかもしれない。さらに、途中に1回、施主のチェックがあり、それに半日かかるとしたら、所要期間は4.5日になる。あるいは会議で何かを決めるというような作業の場合、会議の参加者数を増やしても所要期間は変わらない。

もう1つ注意が必要なのは1日の作業時間である。一般的に人や機材の実稼働時間は1日の作業時間の80％程度と言われている。人であれば、

電話、メール、トイレ、休憩など、機材であれば、移動、据えつけ、調整など、1日のうちの20％程度の時間がそういった実稼働以外のことに費やされるということだ。1日の作業時間が8時間だとすると、実稼働時間は6.5時間と考えた方がよい。細かいようだが、週5日が労働日だと実働は4日として見積もるということだから、積み重なると馬鹿にできない数字になる。

　ところで、そもそも、この作業の工数は6人日である、といった場合の6人日という数字はどこから出てくるのか？　それは過去の経験と実績からである。
　所用期間の見積もりにしても、コストの見積もりにしても、「見積もり」と名のつくものはすべて将来の予測である。将来の予測を純粋に理論的に行なうことは不可能だ。どんなに科学的で精緻な手法を用いても、その手法に投入する基礎となる数字は過去の実績値である。
　たとえば、ここでは所要期間の見積もり手法として1点見積もりを紹介したが、この他に確率論を利用した3点見積もりというものがある。楽観値、最頻値、悲観値の3つの値の加重平均を求め、標準偏差を用いて所要期間のばらつきを把握するという手法である（3点見積もりの紹介は「補遺5」を参照のこと）。高い精度を求められる複雑なプロジェクトに利用される手法だが、その計算の基礎となる楽観値、最頻値、悲観値は、過去の経験と実績から割り出した数字を使う。
　つまり、確固とした過去のデータの蓄積がなければ、どんなに精緻な手法を用いても意味はないということだ。過去のデータの蓄積がなければ、見積もりは単なるあてずっぽうにすぎない。プロジェクトを評価し、経験を文書にして残し、学びを組織の資産として蓄積していくことの意義は、こういったところにある。

　具体的には、以下のような方法によっておおよその所要期間を割り出し、それに担当者の能力や経験、その他の条件などを加味して見積もる。

1. 専門家や経験者の判断
   その分野の専門家や、過去に類似の作業を担当してきた人の意見を聞く。
2. 類推見積もり
   過去の類似作業の実績値から類推する。
3. 係数見積もり
   1単位あたりの作業にかかる時間と作業の総数量がわかっている場合の見積もり方法。ブロックを1個積むのに5分かかるとわかっていれば、それにブロックの総量を掛けて所要期間を求める。

このようにして求めた各作業の工数と所要期間を、一覧表型のWBSに追記する（表4-3）。

表4-3　工数と所要期間（一覧表型 WBS）

成　果		ワーク・パッケージ	責任者	作業員	工数(人日)	所要期間(日)
0. プロジェクト実施体制が整っている		0.1 プロジェクト・オフィスを兼ねる宿を確保する	山本	山本 伊藤 渡辺	2	2
		0.2 村長と村役場に挨拶と趣旨説明を行なう	〃	全員	1	1
		0.3 村の集会で村人に趣旨説明する	〃	全員	2	2
		0.4 村人の食事内容調査と血圧検査を行なう	〃	全員	18	6
1. 村人が副食の重要性を知っている	1.1 人形芝居が開催される	1.1.1 人形芝居の場所をさがす	佐藤	佐藤 鈴木 高橋	2	2
		1.1.2 人形芝居の内容を再検討する	〃	全員	4	4
		1.1.3 リハーサルをする	〃	全員	2	2
		1.1.4 住民に開催を知らせる	〃	佐藤 鈴木 高橋	5	2
		1.1.5 人形芝居を開催する	〃	全員	1	1

（成果2、3、4は省略）

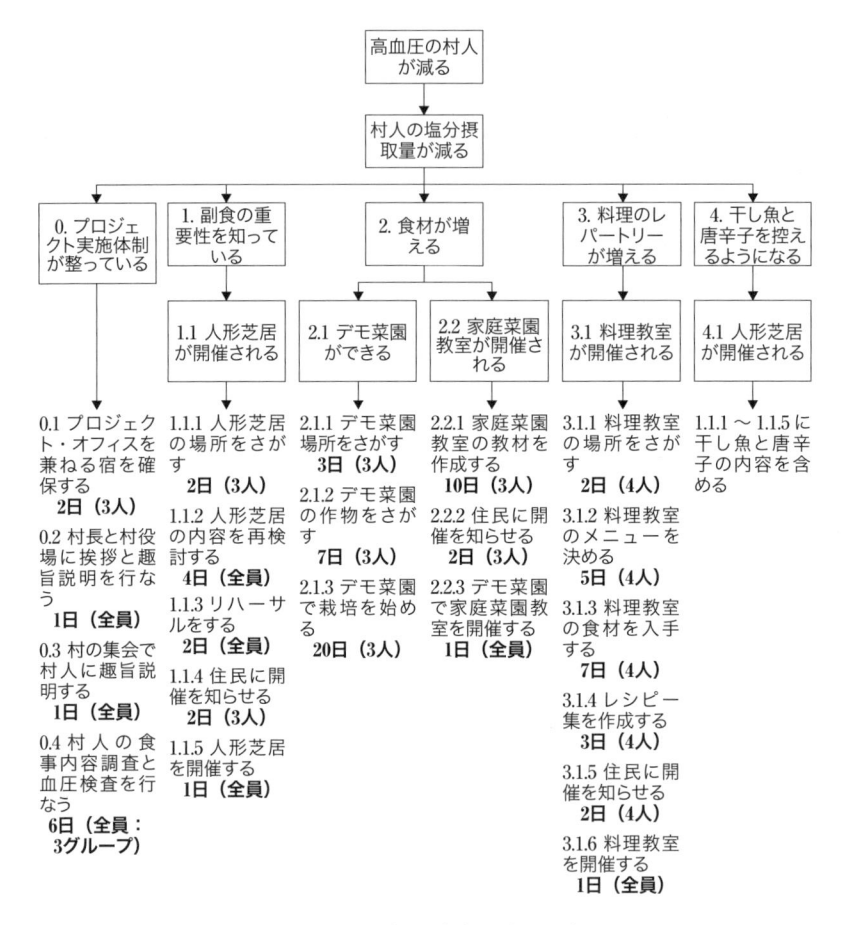

```
                          ┌─────────────┐
                          │高血圧の村人  │
                          │が減る        │
                          └──────┬──────┘
                          ┌──────┴──────┐
                          │村人の塩分摂 │
                          │取量が減る    │
                          └──────┬──────┘
     ┌──────────┬──────────┼──────────┬──────────┐
┌────┴───┐ ┌───┴────┐ ┌───┴────┐ ┌───┴────┐ ┌───┴────┐
│0.プロジェ│ │1.副食の重│ │2.食材が増│ │3.料理のレ│ │4.干し魚と│
│クト実施体│ │要性を知っ│ │える      │ │パートリー│ │唐辛子を控│
│制が整って│ │ている    │ │          │ │が増える  │ │えるように│
│いる      │ │          │ │          │ │          │ │なる      │
└────────┘ └────────┘ └────────┘ └────────┘ └────────┘
```

図4-4 所要期間（系図型 WBS）

0.1 プロジェクト・オフィスを兼ねる宿を確保する
2日（3人）
0.2 村長と村役場に挨拶と趣旨説明を行なう
1日（全員）
0.3 村の集会で村人に趣旨説明する
1日（全員）
0.4 村人の食事内容調査と血圧検査を行なう
6日（全員：3グループ）

1.1 人形芝居が開催される

1.1.1 人形芝居の場所をさがす
2日（3人）
1.1.2 人形芝居の内容を再検討する
4日（全員）
1.1.3 リハーサルをする
2日（全員）
1.1.4 住民に開催を知らせる
2日（3人）
1.1.5 人形芝居を開催する
1日（全員）

2.1 デモ菜園ができる

2.1.1 デモ菜園場所をさがす
3日（3人）
2.1.2 デモ菜園の作物をさがす
7日（3人）
2.1.3 デモ菜園で栽培を始める
20日（3人）

2.2 家庭菜園教室が開催される

2.2.1 家庭菜園教室の教材を作成する
10日（3人）
2.2.2 住民に開催を知らせる
2日（3人）
2.2.3 デモ菜園で家庭菜園教室を開催する
1日（全員）

3.1 料理教室が開催される

3.1.1 料理教室の場所をさがす
2日（4人）
3.1.2 料理教室のメニューを決める
5日（4人）
3.1.3 料理教室の食材を入手する
7日（4人）
3.1.4 レシピー集を作成する
3日（4人）
3.1.5 住民に開催を知らせる
2日（4人）
3.1.6 料理教室を開催する
1日（全員）

4.1 人形芝居が開催される

1.1.1～1.1.5に干し魚と唐辛子の内容を含める

　工数と所要期間を考える際には、表4-3のようにいきなり一覧表型WBSに記入していってもよいが、図4-4のように系図型WBSに記入していった方が、全体の作業の階層構造を見ながら考えられるので、考えやすいという利点はある。ただし、後々の作業のためには、系図型WBSを使って見積もった場合であっても、結果を一覧表型WBSにまとめておく必要がある。

4.3.3 作業順序設定

個々の作業の所要期間が求められたら、次に作業の順序を決める。それぞれの作業には、ある作業が完了しないと始められないという「前後関係」や、ある作業と平行して進められるという「平行関係」がある。作業順序の設定は、この前後関係と平行関係を整理して、すべての作業の順序をネットワーク図を使って図示することによって行なう。

まず、先の一覧表型 WBS に「先行作業」の欄を追加し、それぞれの作業の先行作業を書き込んでゆく（表4-4）。「この作業を始めるためには、先にどの作業が終わっていなければならないか？」を考えて、先に終わっ

表4-4 先行作業一覧（一覧表型 WBS）

成果		ワーク・パッケージ	責任者	作業員	工数(人日)	所要期間(日)	先行作業
0.プロジェクト実施体制が整っている		0.1 プロジェクト・オフィスを兼ねる宿を確保する	山本	山本伊藤渡辺	2	2	Start
		0.2 村長と村役場に挨拶と趣旨説明を行なう	〃	全員	1	1	0.1
		0.3 村の集会で村人に趣旨説明する	〃	全員	2	2	0.2
		0.4 村人の食事内容調査と血圧検査を行なう	〃	全員	18	6	0.3
1.村人が副食の重要性を知っている	1.1 人形芝居が開催される	1.1.1 人形芝居の場所をさがす	佐藤	佐藤鈴木高橋	2	2	0.3
		1.1.2 人形芝居の内容を再検討する	〃	全員	4	4	0.3
		1.1.3 リハーサルをする	〃	全員	2	2	1.1.1 1.1.2
		1.1.4 住民に開催を知らせる	〃	佐藤鈴木高橋	5	2	1.1.3
		1.1.5 人形芝居を開催する	〃	全員	1	1	1.1.4

（成果2、3、4は省略）

ているべき作業のWBSコードを記入する。

　作業0.1の先行作業が「Start」となっているのは、先行作業が存在しないということである。つまり、0.1は最初に行なわれる作業である。また、作業1.1.3の先行作業が1.1.1と1.1.2の2つになっているのは、1.1.1と1.1.2の両方の作業が終わらないと1.1.3は始められないということである。

　すべての作業の先行作業の記入が終わったら、それをネットワーク図にする。ここではプレシデンス・ダイアグラム法（PDM：Precedence Diagramming Method）という手法を用いる。「Start」から始めて、順に後続作業を矢印でつないでいき、最後は「End」につながるように図化する[*]。

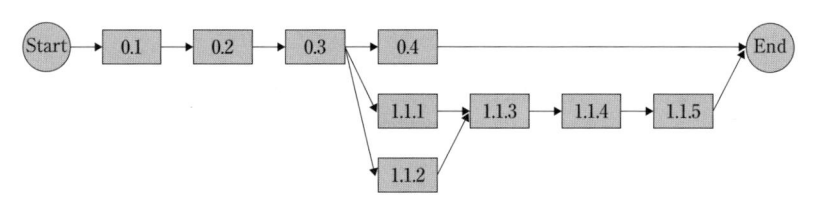

図4-5　プレシデンス・ダイアグラム

---

[*] 本書では、説明を簡略化するためにワークパッケージの0と1についてのみネットワーク図にしているが、実際には、すべての作業をPDMで図化する。そうしないとプロジェクト全体の計画が立てられない。大きなプロジェクトでは、1枚のネットワーク図にすべての作業を記載するのは大変だし見にくくなるので、WBSの成果レベルのネットワーク図をつくり、さらにそれぞれの成果ごとに活動レベルのネットワーク図をつくるといった具合に、何段階かに分けて図化することもある。

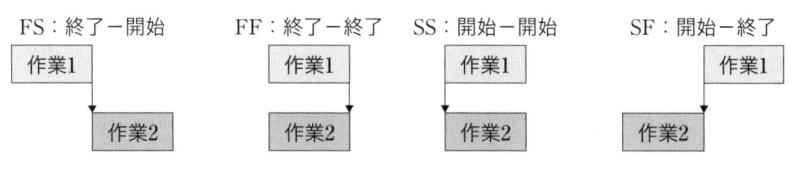

```
FS：終了－開始    FF：終了－終了   SS：開始－開始      SF：開始－終了
  作業1              作業1            作業1              作業1
     作業2              作業2         作業2              作業2
```

図 4-6　作業の依存関係

実は作業相互の関係は前後関係と平行関係だけではない。作業相互の関係のことを作業の「依存関係」と言うが、依存関係には以下の 4 種類がある（図 4-6）。

1. 終了－開始関係（FS: Finish-Start）　先行作業が終わると、後続作業を始められる。
2. 終了－終了関係（FF: Finish-Finish）　先行作業が終わると、後続作業も終えられる。
3. 開始－開始関係（SS: Start-Start）　先行作業が始まると、後続作業も始められる。
4. 開始－終了関係（SF: Start-Finish）　先行作業が始まると、後続作業を終えられる。

ほとんどのプロジェクトのスケジューリングは終了－開始（FS）関係だけで十分だろうが、複雑で高い精度を要求されるプロジェクトでは、それ以外の依存関係も考慮する必要があるかもしれない。これらの依存関係も PDM で図示することができる。

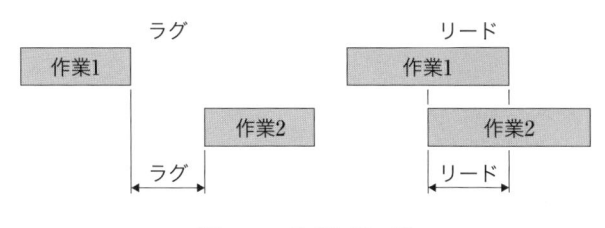

```
       ラグ                    リード
 作業1                    作業1
         作業2                 作業2
       ラグ                   リード
```

図 4-7　ラグとリード

また、コンクリートを打ったあとはそれが乾くまで後続作業ができないといったような場合の、手待ちの期間「ラグ」であるとか、逆に、先行作業が終わるのを待たずに後続作業を開始する、平行作業期間「リード」なども、必要に応じてネットワーク上で図示する。本書ではこれ以上の説明は割愛するが、必要になった場合は上級レベルの解説書を参照願いたい。

4.3.4 クリティカル・パス

各作業の所要期間と順序が決まったら、次にクリティカル・パスを見つけ、プロジェクトの完了に必要な期間を求める。クリティカル・パスを求めるツールには、代表的なものとして、PERT（Program Evaluation and Review Technique）と CPM（Critical Path Method）がある。「PERT/CPM」とひとまとめに称されるようになってきて、現在では両者の違いはあまり意識されなくなってきたが、最大の違いは作業の所要期間の見積もり方法にある。PERT は作業の所要期間を3点で見積もるのに対して、CPM は1点で見積もる。本書では1点見積もりの CPM を紹介する。（3点見積もりの紹介は「補遺5」を参照のこと）。

クリティカル・パスとは、プロジェクトの開始から終了までの作業をつなぐ経路のうち、所要期間が最も長くなる経路のことで、クリティカル・パスの所要期間がプロジェクト全体の所要期間になる。

クリティカル・パスの所要期間がプロジェクト全体の所要期間であるため、クリティカル・パス上の作業が遅れるとプロジェクト全体が遅れることになる。したがって、クリティカル・パスとは絶対に遅れてはいけない作業経路であるとも言える。

言い換えると、クリティカル・パス上にない作業にはある程度の余裕があり、少々遅れてもかまわないということになる。この余裕のことを「フロート」と呼ぶ。

クリティカル・パスは遅れてはいけない作業経路、つまり余裕のない作業経路であるから、フロートがゼロの作業経路がクリティカル・パスということになる。

クリティカル・パスを求めるには、まず、各作業に関して、以下の4つの日を求める。

最早開始日（ES：Early Start）　　ある作業を開始できる最も早い日
最早終了日（EF：Early Finish）　　ある作業を終了できる最も早い日
最遅開始日（LS：Late Start）　　ある作業を開始できる最も遅い日
最遅終了日（LF：Late Finish）　　ある作業を終了できる最も遅い日

作業の下準備として、先に作成したプレシデンス・ダイアグラム（図4-5）に、凡例にならって、ES、EF、所要期間、フロート、LS、LFの6つの数値を記入する欄をもうける。欄をつくったら、そこに各作業の所要期間を記入する（図4-8）。

次に、ESとEFを求める（図4-9）。たとえば、作業0.1を開始できる最も早い日（ES）が7月1日だとすると、所要期間は2日だから、作業0.1を終了できる最も早い日（EF）は7月2日になる。作業0.1が7月2日に終わるので、作業0.2を開始できる最も早い日（ES）は7月3日。作業0.2の所要期間は1日だから、作業0.2のEFは7月3日になる。作業1.1.3の場合、2つある先行作業の両方が終わらないと1.1.3は始められないので、先行作業のEFの遅い方、つまり1.1.2が終わるのを待たなければならな

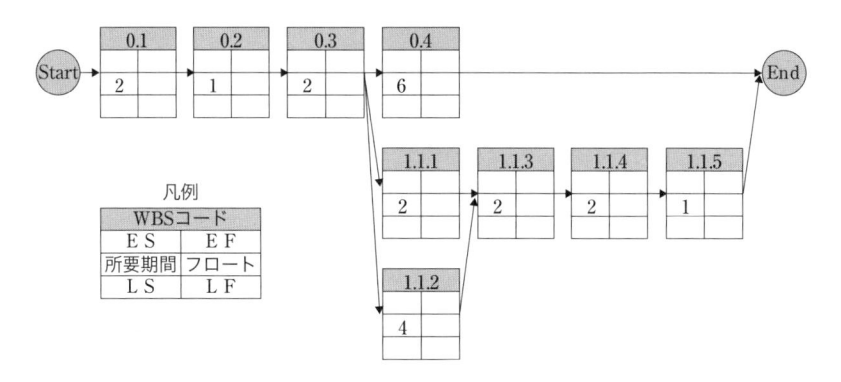

図4-8　クリティカル・パス（1）所要期間

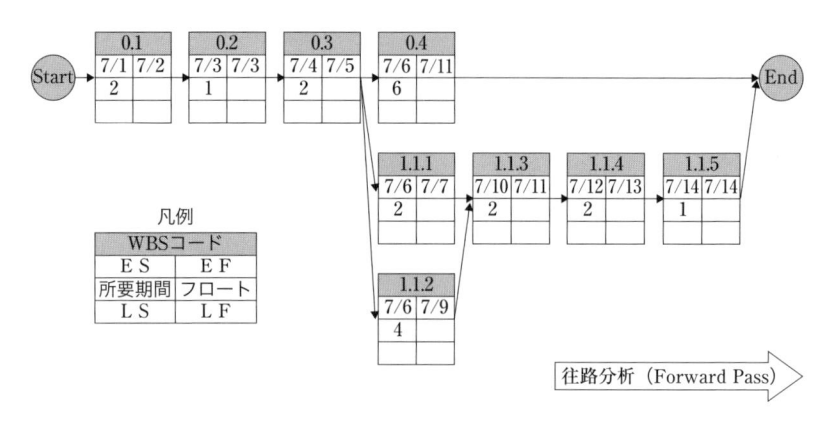

```
         ┌────┐  ┌────┐  ┌────┐  ┌────┐
         │ 0.1│  │ 0.2│  │ 0.3│  │ 0.4│
         │7/1 7/2│ │7/3 7/3│ │7/4 7/5│ │7/6 7/11│
 Start ─▶│ 2  │─▶│ 1  │─▶│ 2  │─▶│ 6  │─────────────────────▶ End
         └────┘  └────┘  └────┘  └────┘
                                    │
                                    ▼
                          ┌────┐  ┌────┐  ┌────┐  ┌────┐
                          │1.1.1│ │1.1.3│ │1.1.4│ │1.1.5│
                          │7/6 7/7│ │7/10 7/11│ │7/12 7/13│ │7/14 7/14│
                          │ 2  │ │ 2  │ │ 2  │ │ 1  │
                          └────┘  └────┘  └────┘  └────┘
             凡例
          ┌─────────┐            ┌────┐
          │ WBSコード│            │1.1.2│
          │ ES │ EF │            │7/6 7/9│
          │所要期間│フロート│       │ 4  │
          │ LS │ LF │            └────┘
          └─────────┘
                                          往路分析（Forward Pass）▶
```

図 4-9　クリティカル・パス（2）往路分析

い。したがって、1.1.3 の ES は、1.1.2 が終わった翌日、7 月 10 日になる。ここで注意するべきことは、所要期間は日数だが、ES、EF は日付だということである。

　同様の計算をして、すべての作業の ES と EF を求めると、プロジェクト全体の所要期間が求められる。最後の作業の EF の最も遅い日が、プロジェクトの終了日である。ここでは、最後の作業は 0.4 と 1.1.5 で、EF が遅いのは 1.1.5 の 7 月 14 日だから、このプロジェクトの終了予定日は 7 月 14 日となる。

　このように、ネットワークを左から右に前進する形で作業の ES、EF を求めることを、往路分析（Forward Pass Analysis）という。往路分析によってプロジェクト全体の所要期間が求められる。

　次に LS と LF を求める（図 4-10）。これはネットワークを右から左に後退する形で算出するので、復路分析（Backward Pass Analysis）と呼ばれる。往路分析によりこのプロジェクトの終了予定日はすでに求められていて、7 月 14 日である。したがって、最後の作業、すなわち作業 0.4 と 1.1.5 の LF はともに 7 月 14 日である。LF は、「遅くとも、この日までに作業を終えなければならない」という日。一方 LS は、「遅くとも、この日までに作業を始めなければならない」という日である。作業 1.1.5 の所

第4章　計　画　83

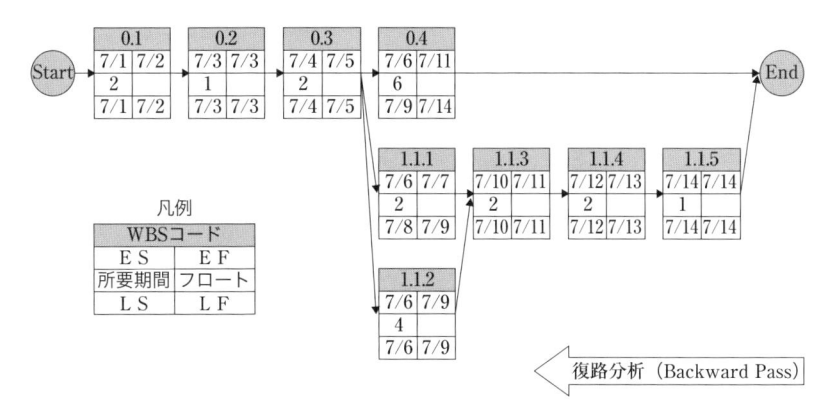

図4-10　クリティカル・パス（3）復路分析

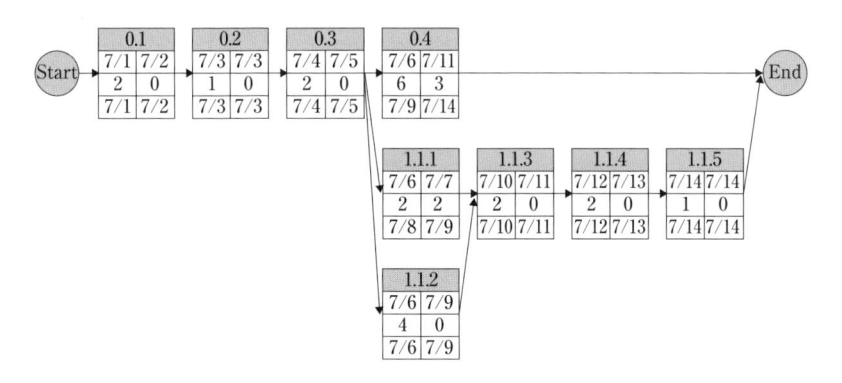

図4-11　クリティカル・パス（4）フロートの計算

要期間は1日だから、LSは7月14日。作業0.4の所要期間は6日だから、LSは7月9日。作業0.3の場合、3つある後続作業のうち、作業1.1.2が、遅くとも7月6日には作業を始めなければならないので（他の2つの作業はそれより遅くてもいい）、そのためには7月5日には作業を終えていなければならないということになる。したがって、作業0.3のLFは7月5日である。

　ES、EF、LS、LFが求まると、それらの差からフロートが求められる（図4-11）。フロートは作業の余裕日数だから、ESとLSの差、あるいは

EFとLFの差が余裕日数、すなわちフロートである。フロートがゼロの作業経路が、余裕のない経路、つまりクリティカル・パスである。

以上の計算を数式で示すと以下のようになる。

　　　ES＝先行作業のEF＋1日
　　　EF＝ES＋所要期間－1日
　　　LF＝後続作業のLS－1日
　　　LS＝LF－所要期間＋1日
　　　フロート＝LS－ES＝LF－EF

1日が足されたり引かれたりしているのは、ES、EF、LS、LFが日付であるための計算上の調整であって、所要日数に関係するものではない。

これらの計算がすべて終わったら、計算結果を一覧表型WBSに追記する（表4-5）。

クリティカル・パスに関する注意点としては2点。まず、クリティカル・パス上の作業が必ずしも重要な作業とは限らないということ。クリティカル・パスは計算上、遅れることのできない作業経路なので、重要度の低い作業であっても、所要期間の関係から、計算上、クリティカル・パスになることがある。したがって、実際の作業管理の際には、クリティカル・パスと重要作業の両方をしっかりと管理する必要がある。

もう1つの注意点は、作業の進捗によってクリティカル・パスは変わってくるということ。作業は必ずしも予定どおりには進まない。遅れる作業もあれば、予定より早く終わる作業もある。そうすると、それによって、これまでクリティカルでなかった経路がクリティカルになってくることがある。また、クリティカル・パスの本数が増えたり減ったりもする。クリティカル・パスは1本とは限らない。したがって、プロジェクトの実行期間中、適宜、スケジュールを見直し、クリティカル・パスを再確認する必要がある。

なお、上記の例では休日を考慮していないが、実際には土日や祝祭日、

表 4-5 クリティカル・パス（一覧表型 WBS）

成 果	ワーク・パッケージ	責任者	作業員	工数(人日)	所要期間(日)	先行作業	ES	EF	LS	LF	フロート	クリティカル・パス
0. プロジェクト実施体制が整っている	0.1 プロジェクト・オフィスを兼ねる宿を確保する	山本	山本 伊藤 渡辺	2	2	Start	7/1	7/2	7/1	7/2	0	✓
	0.2 村長と村役場に挨拶と趣旨説明を行なう	〃	全員	1	1	0.1	7/3	7/3	7/3	7/3	0	✓
	0.3 村の集会で村人に趣旨説明する	〃	全員	2	2	0.2	7/4	7/5	7/4	7/5	0	✓
	0.4 村人の食事内容調査と血圧検査を行なう	〃	全員	18	6	0.3	7/6	7/11	7/9	7/14	3	
1. 村人が副食の重要性を知っていて人形芝居が開催される 1.1	1.1.1 人形芝居の場所をさがす	佐藤	佐藤 鈴木 高橋	2	2	0.3	7/6	7/7	7/8	7/9	2	
	1.1.2 人形芝居の内容を再検討する	〃	全員	4	4	0.3	7/6	7/9	7/6	7/9	0	✓
	1.1.3 リハーサルをする	〃	全員	2	2	1.1.1 1.1.2	7/10	7/11	7/10	7/11	0	✓
	1.1.4 住民に開催を知らせる	〃	佐藤 鈴木 高橋	5	2	1.1.3	7/12	7/13	7/12	7/13	0	✓
	1.1.5 人形芝居を開催する	〃	全員	1	1	1.1.4	7/14	7/14	7/14	7/14	0	✓

(成果 2、3、4 は省略)

長期休暇の予定なども考慮して計算しなければならない。また、通常のプロジェクトでは作業数が数十から数百に上る。とても計算機片手にできる作業ではない。どうしても、プロジェクトマネジメント・ソフトウェアを使うことになる。ソフトウェアを使えば、休日の設定も自在にできるし、時間単位の計算も可能である。実行途中の変更にも柔軟に対応できるので、一定以上の規模のプロジェクトには、専用ソフトウェアの使用を勧めたい。

ただし、ソフトウェアを使うとしても、ここで説明した原理は理解しておく必要がある。原理がわからなければ、プロジェクト期間を短縮したり、そのために作業順序を入れ替えたりといったスケジュールの調整ができないし、第一、ソフトウェアを使いこなすことができないだろう。

4.3.5 バーチャート

すべての作業の開始日と終了日、およびクリティカル・パスが求められたら、その結果をバーチャートにまとめる（図4-12）。バーチャートは、ネットワーク図よりも見やすく、計画と実績を並べて表記すると進捗状況も把握しやすいなどといった利点から、スケジュール管理のツールとして広く用いられている。考案者であるヘンリー・ガント（Henry Gantt）の名をとって、ガント・チャートとも呼ばれる。

各作業の最早開始日（ES）から最早終了日（EF）までを線表で表わし、フロートがある作業は、フロートを点線などで表示する。フロートの最終日は最遅終了日（LF）である。また、クリティカル・パスは太線や色を変えてはっきりわかるように表示する。図4-12では、濃い色で示された作業がクリティカル・パスである。

バーチャートの欠点は、作業間の依存関係がわからないことだ。たとえば、図4-12の作業1.1.4は0.4の終了を待たねばならないのか、1.1.3の終

作業 No.	所用 日数	作業スケジュール													
		7/1	7/2	7/3	7/4	7/5	7/6	7/7	7/8	7/9	7/10	7/11	7/12	7/13	7/14
0.1	2														
0.2	1														
0.3	2														
0.4	6												フロート		
1.1.1	2														
1.1.2	4														
1.1.3	2														
1.1.4	2														
1.1.5	1														

（2、3、4 は省略）

図 4-12　バーチャート

了を待たねばならないのか、これだけではわからない[*]。そこで、リンク線を使って、バーチャート上で作業間の依存関係を表すということをする（図 4-13）。

　スケジューリングのツールの説明は以上だが、これでスケジュールが完成したわけではない。このあと、人的資源計画、コスト見積もり、調達計画といった計画作業を続けていくと、それらの影響を受けて、スケジュールを見直す必要が出てくる。必要な人員が必要なときに確保できないために確保できる時期に作業をずらすとか、機材の納入時期に合わせて作業時期を変更する、といったことが起こってくるのである。一部の作業時期や所要期間が変わると、再度、スケジュール全体を見直さなければならない。このように、スケジューリングは 1 度で終わる作業ではなく、行きつ

---

[*]　この例の場合、本当はわかる。作業 1.1.4 はクリティカル・パス上の作業なので、先行作業はやはりクリティカル・パス上の作業であるはず。ということは先行作業は 1.1.3 ということになる。こういう単純な例では依存関係を推測できるが、作業数が増えて平行作業が多くなると本当にわからなくなる。

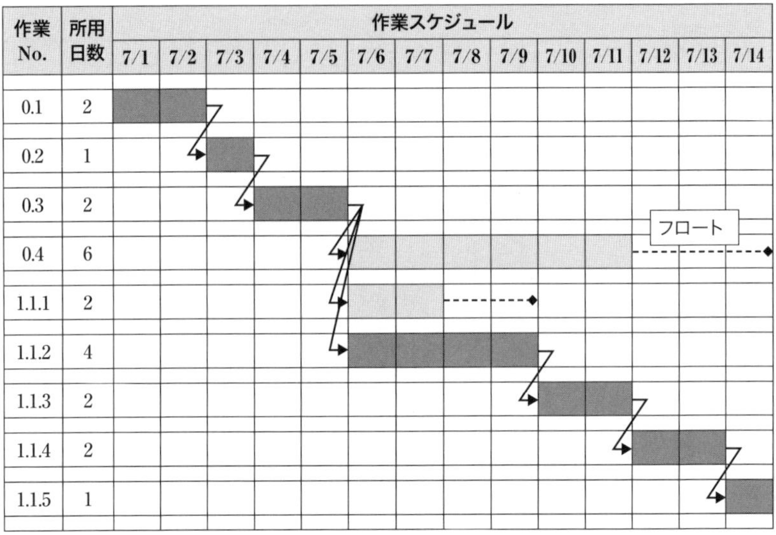

作業 No.	所用 日数	作業スケジュール													
		7/1	7/2	7/3	7/4	7/5	7/6	7/7	7/8	7/9	7/10	7/11	7/12	7/13	7/14
0.1	2														
0.2	1														
0.3	2												フロート		
0.4	6														
1.1.1	2														
1.1.2	4														
1.1.3	2														
1.1.4	2														
1.1.5	1														

（2、3、4は省略）

図4-13　バーチャート（依存関係表示）

戻りつしながら、何度となく繰り返す作業なのである。

　また、3年、5年といった長期にわたるプロジェクトの場合、全期間にわたって作業レベルの詳細なスケジュールを作成してもあまり意味がない。すでに説明したように、プロジェクトは不確定要素の多い事業で、計画どおりにはなかなか進まないものだし、そもそもの本質的な特徴として、段階的詳細化をたどる事業だからだ。したがって、長期のプロジェクトのスケジューリングを行なう場合は、たとえば成果レベルでのラフな全体スケジュール（サマリー・スケジュール）を作成し、そのうえで当面の半年から1年分の作業レベルの詳細スケジュールをつくるといった、2段構え、3段構えのスケジューリングを行なう必要がある。

4.4　人的資源計画

　おおよそのスケジュールができて、どの作業をいつ行なうかが決まったら、次に、その作業を担当するチームメンバーの作業負荷に無理や無駄が

ないかをチェックする。特定のメンバーにある時期仕事が過度に集中していないか、あるいは逆に、ひどく暇な時期がないかを検討し、偏りがあれば、要員を再配置したり、スケジュールを修正したりする。このような調整をすることを資源の平準化（Resource Leveling）と言う。資源には、人的資源のほかに、資機材などの資源も含まれる。ここでは人的資源についてのみ説明するが、平準化が必要なのは資機材についても同様である。

人的資源の平準化の手順は以下のとおり。

> **人的資源計画の手順**
> 1 バーチャート上に、各作業の担当者名を書き込む
> 2 バーチャート上に、各担当者の作業負荷を書き込む
> 3 担当者ごとの作業負荷を合計して、資源ヒストグラムを作成する
> 4 作業負荷の偏りを平準化する

1 各作業の担当者はすでにスケジューリングの最初の作業（4.3.1）で決まっているので、その担当者名をバーチャート上に記入する（図4-14）。

2 次に、各作業の所要期間に対する、各担当者がその作業に費やす時間の比を％で表示する。たとえば、所要期間が2日間の作業に対して、ある担当者がその作業に2日分の時間を費やすのであれば、比は100％。1日分の時間を費やすのであれば50％、半日分であれば25％である。ここでは、所要期間内にいつその作業をやるかは問わない。50％と記入した場合、2日に分けてそれぞれ半日ずつその作業に費やすのかもしれないし、あるいは1日目は100％で2日目は0％かもしれないが、それは問わない。いずれにしろ、2日間のうちに1日分の作業時間を費やすのであれば、50％と記入する（図4-15）。

3 次に、担当者ごとの作業負荷を合計して、各人の資源ヒストグラムを作成する（図4-16）。

4 資源ヒストグラムを見ると、山本さんが、7月6日から11日まで

作業 No.	所用 日数	作業スケジュール													
		7/1	7/2	7/3	7/4	7/5	7/6	7/7	7/8	7/9	7/10	7/11	7/12	7/13	7/14
0.1	2	山本、伊藤、渡辺	←山本100%、伊藤100%、渡辺100%												
0.2	1				全員	←山本、伊藤、渡辺、佐藤、鈴木、高橋、田中									
0.3	2				全員		←山本、伊藤、渡辺、佐藤、鈴木、高橋、田中								
0.4	6						全員（山本、伊藤、渡辺、佐藤、鈴木、高橋、田中）					------◆			
1.1.1	2						佐藤、鈴木、高橋		------◆						
1.1.2	4						全員				←山本、伊藤、渡辺、佐藤、鈴木、高橋、田中				
1.1.3	2				山本、伊藤、渡辺、佐藤、鈴木、高橋、田中→						全員				
1.1.4	2												佐藤、鈴木、高橋		
1.1.5	1						山本、伊藤、渡辺、佐藤、鈴木、高橋、田中→								全員

（2、3、4は省略）

図4-14　バーチャート（担当者名入り）

の6日間、150％の作業負荷になっている。これは山本さんが頑張ってこなせる仕事量ではなさそうだ。負荷を平準化する必要がある。作業負荷の平準化には以下のような方法がある。

1) フロート内で作業の実行時期をずらす。
2) フロート期間いっぱいまで作業の実行期間を延長して、負荷を広く薄くのばす。
3) 時間的に余裕のある他のメンバーに作業の一部を振り分ける。

たとえば、作業0.4はフロートが3日あるので、この範囲内で実行時期

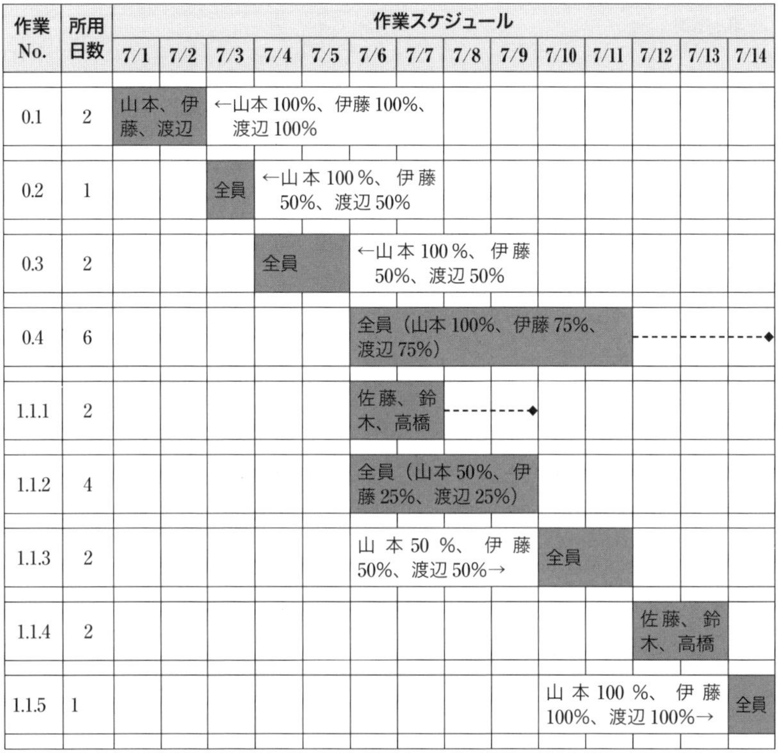

作業 No.	所用 日数	作業スケジュール												
		7/1	7/2	7/3	7/4	7/5	7/6	7/7	7/8	7/9	7/10	7/11	7/12	7/13	7/14
0.1	2	山本、伊藤、渡辺	←山本100%、伊藤100%、渡辺100%												
0.2	1				全員	←山本100%、伊藤50%、渡辺50%									
0.3	2					全員	←山本100%、伊藤50%、渡辺50%								
0.4	6							全員（山本100%、伊藤75%、渡辺75%）					-------◆		
1.1.1	2							佐藤、鈴木、高橋	-------◆						
1.1.2	4							全員（山本50%、伊藤25%、渡辺25%）							
1.1.3	2							山本50%、伊藤50%、渡辺50%→		全員					
1.1.4	2												佐藤、鈴木、高橋		
1.1.5	1											山本100%、伊藤100%、渡辺100%→			全員

(作業2、3、4、および山本、伊藤、渡辺以外の要員は省略)

図 4-15 バーチャート（作業負荷入り）

を動かすことができる。3日後ろにずらすと14日の負荷が200%になってしまうので、動かせるのはせいぜい2日だ。作業0.4を2日後ろにずらすと、バーチャートおよびヒストグラムは図4-17のようになる。

作業0.4を2日後ろに動かしたことにより、12日と13日の作業量がゼロだったのが、100%になり、負荷超過期間が4日間に縮まった。このように、ヒストグラムの凸凹をならすところから、資源の平準化は「山ならし」とも呼ばれる。作業の実行時期を動かすことによって山ならしを行なう場合は、それによって他のメンバーに過度な負荷がかからないように注意する必要がある。

まだ4日間の作業が負荷超過になっているが、これをスケジュールの調

作業 No.	所用 日数	作業スケジュール													
		7/1	7/2	7/3	7/4	7/5	7/6	7/7	7/8	7/9	7/10	7/11	7/12	7/13	7/14
0.1	2	山本、伊藤、渡辺	←山本100%、伊藤100%、渡辺100%												
0.2	1			全員	←山本100%、伊藤50%、渡辺50%										
0.3	2				全員		←山本100%、伊藤50%、渡辺50%								
0.4	6						全員（山本100%、伊藤50%、渡辺50%）								
1.1.1	2						佐藤、鈴木、髙橋								
1.1.2	4						全員（山本50%、伊藤25%、渡辺25%）								
1.1.3	2						山本50%、伊藤50%、渡辺50%→			全員					
1.1.4	2												佐藤、鈴木、髙橋		
1.1.5	1									山本100%、伊藤100%、渡辺100%→					全員

作業 負荷 合計		7/1	7/2	7/3	7/4	7/5	7/6	7/7	7/8	7/9	7/10	7/11	7/12	7/13	7/14
	山本	100%	100%	100%	100%	100%	150%	150%	150%	150%	150%	150%	0%	0%	100%
	伊藤	100%	100%	50%	50%	50%	75%	75%	75%	75%	100%	100%	0%	0%	100%
	渡辺	100%	100%	50%	50%	50%	75%	75%	75%	75%	100%	100%	0%	0%	100%

資源ヒストグラム（山本）

図4-16 資源ヒストグラム

整で吸収するのは難しそうだ。そうであれば、作業の一部を時間的に余裕のある他のメンバーに振り分けるなどの手段によって作業負荷を平準化する。あるいは、可能であれば作業要員を外から調達するという手もある。

作業 No.	所用日数	作業スケジュール													
		7/1	7/2	7/3	7/4	7/5	7/6	7/7	7/8	7/9	7/10	7/11	7/12	7/13	7/14
0.1	2	山本、伊藤、渡辺	←山本100%、伊藤100%、渡辺100%												
0.2	1				全員	←山本100%、伊藤50%、渡辺50%									
0.3	2					全員	←山本100%、伊藤50%、渡辺50%								
0.4	6								全員（山本100%、伊藤50%、渡辺50%）						---◆
1.1.1	2						佐藤、鈴木、高橋	---------◆							
1.1.2	4						全員（山本50%、伊藤25%、渡辺25%）								
1.1.3	2						山本50%、伊藤50%、渡辺50%→		全員						
1.1.4	2												佐藤、鈴木、高橋		
1.1.5	1										山本100%、伊藤100%、渡辺100%→				全員

作業負荷合計		7/1	7/2	7/3	7/4	7/5	7/6	7/7	7/8	7/9	7/10	7/11	7/12	7/13	7/14
	山本	100%	100%	100%	100%	100%	50%	50%	150%	150%	150%	150%	100%	100%	100%
	伊藤	100%	100%	50%	50%	50%	25%	25%	75%	75%	100%	100%	50%	50%	100%
	渡辺	100%	100%	50%	50%	50%	25%	25%	75%	75%	100%	100%	50%	50%	100%

資源ヒストグラム(山本)																
200%															
150%															
100%															
50%															
0%	7/1	7/2	7/3	7/4	7/5	7/6	7/7	7/8	7/9	7/10	7/11	7/12	7/13	7/14

図4-17　作業負荷の平準化

ただし増員をはかる場合は、コスト増につながること、緊急要員の作業効率はどうしても低く、効率が上がるまでにはある程度の時間がかかることなどを考慮する必要がある。これは作業を一部外注するといった手段をとった場合も同様である。

4.5 コスト見積もり

プロジェクトコストには、直接費、間接費、予備費の3種類がある。

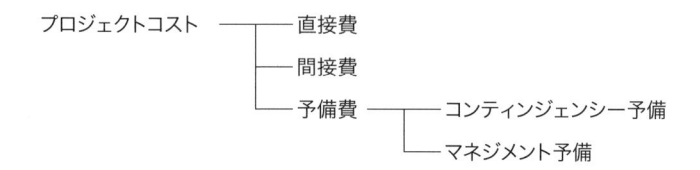

```
プロジェクトコスト ──┬── 直接費
                    ├── 間接費
                    └── 予備費 ──┬── コンティンジェンシー予備
                                  └── マネジメント予備
```

「直接費」はプロジェクト作業に直接起因するコストで、プロジェクト作業を行なうために要する人件費、材料費、資機材費、交通費・出張費、法務費、調査費・コンサルタント費、教育訓練費、マーケティング・広告費などである。

「間接費」はいわゆるオーバーヘッドと呼ばれるコストで、施設費、マネジメント費、一般管理費など、プロジェクト実施機関の他の部署や他のプロジェクトが共有して使用するもののコストである。プロジェクト固有のコストではないが、その一部をプロジェクトが消費するため、厳密に言うとこれもプロジェクトコストである。間接費をプロジェクト予算に計上するかどうかは、プロジェクト実施機関の考え方による。

「予備費」にはコンティンジェンシー予備とマネジメント予備の2種類がある。

「コンティンジェンシー予備」とは、予想されるリスク（既知の未知）に備える予備費である。リスクが現実のものとなった場合に対策費としていくらかかるかが過去の経験から見積もれるのであれば、それを見積もる。具体的に見積もれない場合は、合計予算の何％という形で見積もる。何％にするかはプロジェクト実施機関およびプロジェクトによって異なる。

「マネジメント予備」は予想できない不確定要素（未知の未知）に備える予備費で、こちらは過去に経験がないので具体的に見積もることはできない。プロジェクト実施機関のリスク管理方針にしたがって、合計予算の何％という形で見積もる。

コストの見積もり方法にはボトムアップ見積もり、トップダウン見積もり、係数見積もりの3種類がある。

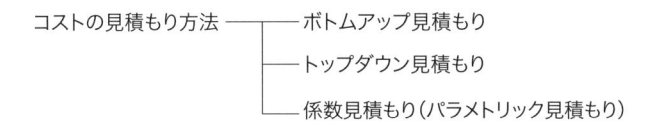

```
コストの見積もり方法 ─┬─ ボトムアップ見積もり
                    ├─ トップダウン見積もり
                    └─ 係数見積もり（パラメトリック見積もり）
```

「ボトムアップ見積もり」は、ひとつひとつの作業にかかるコストを見積もり、集計することによって総額を算出する。スケジュール計画のところでも述べたが、個々の作業にいくらかかるかは、やはりその作業を行なう本人が見積もるべきであろう。また、ほかの作業との関連でコストも変わってくるので、ボトムアップ見積もりを行なう際には、チームメンバーが一堂に会して、話し合いを通じて見積もるとよい。

「トップダウン見積もり」は、類推見積もりとも呼ばれ、経営陣や専門家が過去の類似プロジェクトの経験をもとに類推して総額を見積もる。相当のプロジェクト経験と専門的知見が要求される方法で、ボトムアップ見積もりよりも難易度が高い。個々のコストを積み上げる作業を行なわないので、見積もりに要する時間は少なくてすむが、正確さは劣る。

「係数見積もり（パラメトリック見積もり）」は、建物の床面積やソフトウェア開発におけるプログラム行数といった過去のデータと変数から統計的にコストを見積もる方法で、ボトムアップ見積もりやトップダウン見積もりの中で必要に応じて用いられる。

どの方法を用いるかはプロジェクの規模や新規性の度合い、組織の意思決定スタイルなどによって異なる。実際には、3つの見積もり方法を適宜組み合わせて見積もることが多い。

ボトムアップ見積もりを行なう場合は、系図型 WBS を使って、プロジェクト作業の全体像を視野に入れたうえで、ほかの作業との関連も考慮しながら、個々の作業のコストを系図内に記入していくとよい（図4-18）。電話代、コピー代、宿泊費、航空運賃などの、個々の作業に固有

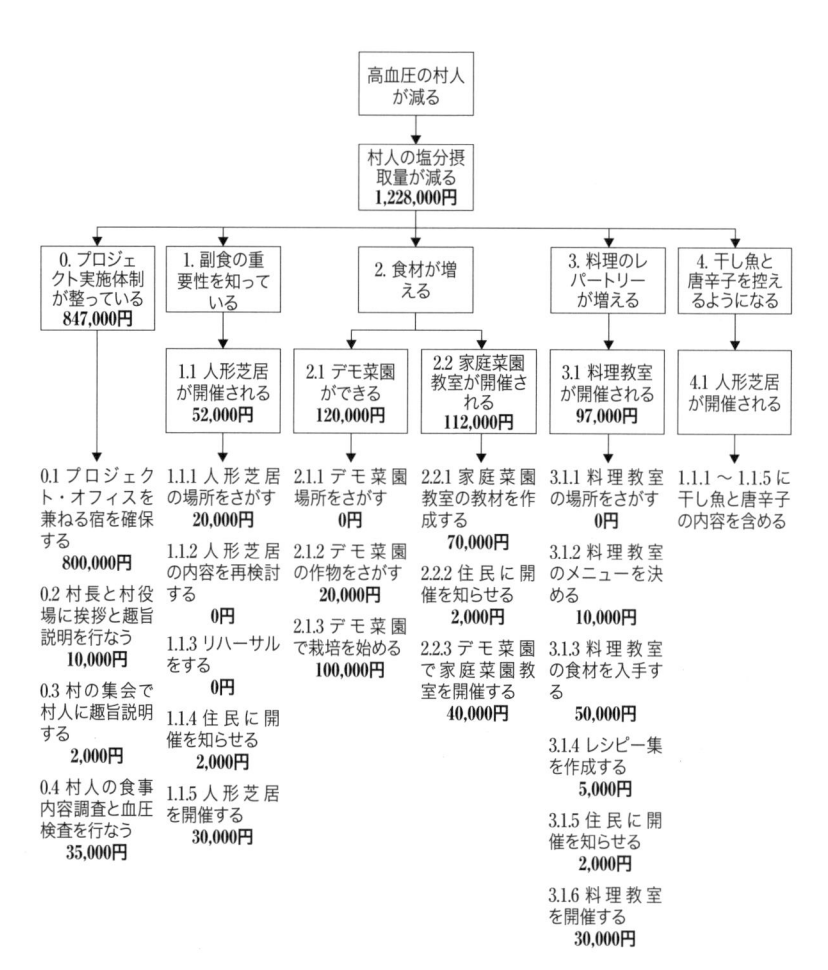

```
                          ┌──────────────┐
                          │高血圧の村人    │
                          │が減る         │
                          └──────┬───────┘
                          ┌──────┴───────┐
                          │村人の塩分摂  │
                          │取量が減る    │
                          │1,228,000円   │
                          └──────┬───────┘
   ┌────────┬──────────┬─────────┼──────────┬──────────┐
```

0. プロジェクト実施体制が整っている 847,000円	1. 副食の重要性を知っている	2. 食材が増える	3. 料理のレパートリーが増える	4. 干し魚と唐辛子を控えるようになる
	1.1 人形芝居が開催される 52,000円	2.1 デモ菜園ができる 120,000円 / 2.2 家庭菜園教室が開催される 112,000円	3.1 料理教室が開催される 97,000円	4.1 人形芝居が開催される

0.1 プロジェクト・オフィスを兼ねる宿を確保する　800,000円

0.2 村長と村役場に挨拶と趣旨説明を行なう　10,000円

0.3 村の集会で村人に趣旨説明する　2,000円

0.4 村人の食事内容調査と血圧検査を行なう　35,000円

1.1.1 人形芝居の場所をさがす　20,000円

1.1.2 人形芝居の内容を再検討する　0円

1.1.3 リハーサルをする　0円

1.1.4 住民に開催を知らせる　2,000円

1.1.5 人形芝居を開催する　30,000円

2.1.1 デモ菜園場所をさがす　0円

2.1.2 デモ菜園の作物をさがす　20,000円

2.1.3 デモ菜園で栽培を始める　100,000円

2.2.1 家庭菜園教室の教材を作成する　70,000円

2.2.2 住民に開催を知らせる　2,000円

2.2.3 デモ菜園で家庭菜園教室を開催する　40,000円

3.1.1 料理教室の場所をさがす　0円

3.1.2 料理教室のメニューを決める　10,000円

3.1.3 料理教室の食材を入手する　50,000円

3.1.4 レシピー集を作成する　5,000円

3.1.5 住民に開催を知らせる　2,000円

3.1.6 料理教室を開催する　30,000円

1.1.1～1.1.5に干し魚と唐辛子の内容を含める

図4-18　コスト見積もり（系図型 WBS）

表4-6 コスト見積もり（一覧表型 WBS）

成　果		ワーク・パッケージ	責任者	作業員	所要時間（日）	資機材	経費（千円）
0. プロジェクト実施体制が整っている		0.1 プロジェクト・オフィスを兼ねる宿を確保する	山本	山本 伊藤 渡辺	2	--	800
		0.2 村長と村役場に挨拶と趣旨説明を行なう	〃	全員	1	趣意書（現地語）	10
		0.3 村の集会で村人に趣旨説明する	〃	全員	2	趣意書（現地語）	2
		0.4 村人の食事内容調査と血圧検査を行なう	〃	全員	6	調査票、血圧計	35
1. 村人が副食の重要性を知っている	1.1 人形芝居が開催される	1.1.1 人形芝居の場所をさがす	佐藤	佐藤 鈴木 高橋	2	--	20
		1.1.2 人形芝居の内容を再検討する	〃	全員	4	裁縫道具	0
		1.1.3 リハーサルをする	〃	全員	2	人形他一式	0
		1.1.4 住民に開催を知らせる	〃	佐藤 鈴木 高橋	2	ビラ（現地語）	2
		1.1.5 人形芝居を開催する	〃	全員	1	人形他一式	30

（成果2、3、4は省略）

ではないコストは別途見積もる。例によって、系図型 WBS を用いて見積もった結果は、一覧表型 WBS にまとめておく（表4-6）。

4.6　コミュニケーション計画

　プロジェクトマネジャーはその時間の70〜90％をコミュニケーションに費やしていると言われる。チームメンバーとの打ち合わせ、経営陣への報告、外注業者との交渉、報告書の作成などなど。ヘンリー・ミンツバーグによると、10数分から数時間程度の細かいコミュニケーションの中でどんどん意思決定をしていくのがマネジャーの仕事の実態である。

　そして、プロジェクトマネジャーはプロジェクトにおけるコミュニケーションの核であり、コミュニケーションの失敗は、その理由のいかんを

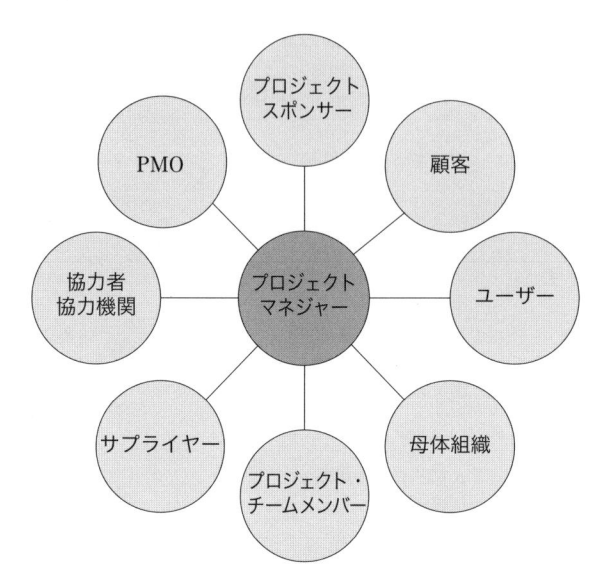

図 4-19　プロジェクトマネジャーはコミュニケーションの核である

問わずプロジェクトマネジャーが責任を引き受ける。プロジェクトマネジャーはコミュニケーションの"single point of responsibility"ということだ。

たとえば、ある日、プロジェクトマネジャーがコーヒーコーナーに行くと、そこにチームメンバーのA氏がいた。そこでプロジェクトマネジャーがA氏にたずねる。

「Aさん、あなたが担当のあの作業、どんな具合ですか？」
「はい、順調に進んでますよ。計画どおりです」
「それはよかった」
その1週間後、廊下でA氏を見かけて、プロジェクトマネジャーが声をかける。
「あの作業、どうですか？」
「はい、ちょっと遅れ気味ですが大丈夫です」
「そうですか。頑張ってください」
さらに1週間後、トイレでA氏と一緒になって、プロジェクトマネ

ジャーが声をかける。
「あの作業、進んでますか？」
「ええ、それが、あの…」

ふたを開けてみたら大変なことになっていてプロジェクトは大赤字、という話だが、このコミュニケーションの責任は、作業の遅れを報告しなかったA氏にではなく、確認しなかったプロジェクトマネジャーにある。単なるおしゃべりはコミュニケーションではない。コミュニケーションは計画されなければならないのである。

個々の情報伝達に関しては、情報発信者は受信者に正確に情報を伝える責任があり、受信者は情報を正確に理解する責任があるとするのがプロジェクト・コミュニケーションの原則である。ともすれば、コミュニケーションの責任は発信者側にあると考えがちだが、受信者側にもしっかり受け止める責任があるのである。最近は、メールを送る際にC.C.で直接関係ない人にも送りつける傾向が強くなっているが、あれなどは一種のアリバイづくりであって、送り手と受け手双方の責任をあいまいにする現象である。

プロジェクトのコミュニケーションを計画するにあたっては、誰が、いつ、どのような情報を必要としているかを事前に把握し、その情報を、誰が、いつ、どのように提供するかを決定する。以下のような項目をコミュニケーション計画に盛り込むことになる。

1. 誰に：情報の受信者
2. 何を：内容、書式、詳細度など
3. なぜ：情報を配布する理由、目的
4. 誰が：情報の発信者
5. いつ：情報送信のタイミング、頻度
6. 何で：メモ、メール、電話、報告書、会議などの情報伝達手段
7. フィードバック：いつまでに、誰が、どうやってフィードバックを受けるか

8. 保管：コミュニケーション履歴を誰がどこにどのように保管・管理するか

　さまざまな情報伝達手段が発達してきているが、現時点では、中心的なコミュニケーション手段は依然として報告書と会議である。したがって、コミュニケーション計画では、目的的で体系的な報告書と会議の仕組みを計画することになる。
　報告書には、作業進捗報告書や定期報告書のほかに、計画と実績の差を報告する差異報告書、今後の見通しを分析する傾向分析報告書、特別なことが起こった場合の特殊事項報告書などがある。これらの中からプロジェクトに必要な報告書を決定し、その様式を定め、上記1から8を明確にして運用していく。
　会議は、情報伝達だけではなく、意思決定や分析作業を目的とした会議もあるので、会議の目的を明確にし、その目的に適した出席者を選び、その目的を事前に参加者に正確に伝える必要がある。会議の目的としては、情報伝達・情報交換、企画・計画、交渉、現状分析、意思決定、進捗管理、問題解決などが考えられる。効果的・効率的な会議運営に関してはさまざま書籍が発行されているので、それらを参考にしてもらいたい。多くの書籍が出版されているということは、いかに効果的・効率的に会議を行なうことが難しいかを示唆しているわけだが……。

　コミュニケーションのコストを見積もっておくことも忘れてはいけない。会議の開催費用、参加のための移動、情報の入手など、コミュニケーションはけっこう高くつくのである。しかし、コミュニケーションの失敗はそれ以上に高くつく。コストを含めた、しっかりしたコミュニケーション計画が求められる所以である。
　また、計画段階はまだプロジェクトの初期段階で、ステークホルダーも完全には洗い出されていないし、誰がどういう情報を必要としているかも十分には把握できていない。そのため、実行段階に入ってから、コミュニケーション計画を適宜見直すことも必要である。

以上、報告書と会議を計画することについて述べてきたが、プロジェクトマネジャーが現場を歩きまわって、現場で起こっていることや現場の雰囲気をつかむことも実は非常に大切である。これを MBWA という。Management by walking around. うろうろと歩きまわってマネージする、という意味である。

第5章で PCM のモニタリング・システムが解説されるが、これはプロジェクトの目標達成状況を定期的にモニタリングするためのもので、誰がいつどうやって情報を収集し、集約し、判断・決定し、判断・決定した結果をフィードバックするかを定めたものである（表4-7）。これはプロジェクトの進捗に関する情報の流れを計画したもので、コミュニケーション計画の一種と言うことができる。PCM ではコミュニケーション計画をモニタリング・システムで行なっている、ということになる。

4.7 リスク管理計画

プロジェクトは、定義上、つねに独自なもの、前例のない新たなものを生みだす試みである。前例がないということは、先が見通せないということであり、その途上には多くの不確定要素が待ち受けているということである。だから、プロジェクトマネジメントではリスク管理が重視される。プロジェクト計画にあたっては、コストも含めたリスク対応策が計画されねばならないのである。しかし実際には、リスク管理はおざなりになりがちだ。なぜなら、「リスクとはまだ起きていない問題」[*]だからだ。将来、起きるかどうかわからない問題に備えるというのは、よほどの危機意識がないとできない。しかし、プロジェクトでは問題は必ず起こる。起こってから、準備をしておけばよかった、と後悔しても遅い。

---

[*] 「「リスク」とはまだ起きていない問題であり、「問題」とはすでに実現したリスクである」（トム・デマルコ、ティモシー・リスター、「熊とワルツを」日経 BP 社、2003）。

表 4-7 モニタリング・システム

プロジェクトの要約	指標	指標入手手段	データ収集			集約				判断・決定		判断・決定からの伝達	
			収集者	時期頻度	収集方法	集約者	時期頻度	集約方法	判断決定者	時期頻度	時期	伝達方法
村人の塩分摂取量が減る	2014年6月までに村人の塩分摂取量が30％減っている	プロジェクトコーディネーター、栄養指導員による4半期ごとの聞き取り調査	プロジェクトコーディネーター、栄養指導員	毎年1月、4月、7月、10月	聞き取り調査	プロジェクトコーディネーター、栄養指導員	毎年1月、4月、7月、10月	エクセルで集計してグラフ化する報告書作成	プロジェクト月例会議	毎年1月、4月、7月、10月	毎年1月、4月、7月、10月	直近のプロジェクト定例会議で口頭報告
成果1 村人が副食の量とし食の重要性を知っている	2014年6月までに副食およびの量の量が30％増えているパートリーダーが	プロジェクトコーディネーター、栄養指導員による4半期ごとの聞き取り調査	プロジェクトコーディネーター、栄養指導員	毎年1月、4月、7月、10月	聞き取り調査	プロジェクトコーディネーター、栄養指導員	毎年1月、4月、7月、10月	エクセルで集計してグラフ化する報告書作成	プロジェクト月例会議	毎年1月、4月、7月、10月	毎年1月、4月、7月、10月	直近のプロジェクト定例会議で口頭報告

(成果2以下は省略)

コスト見積もりのところでも触れたように、リスクには2種類ある。「既知の未知(known unknown)」と「未知の未知(unknown unknown)」である。前者は予想されるリスクであり、後者は予想できないリスクすなわち不確実性である。厳密には、リスクと不確実性は異なる。リスクは予想されるものであるため、確率の問題であるが、不確実性は何が起こるかもわからないため、確率の問題ではなく意思決定の問題になる。つまり、リスクに対しては確率論的に対応策を立てることができるのでプロジェクトの責任範囲になるが、不確実性に対しては、備えるか備えないかの意思決定の問題になるので、意思決定権をもった経営陣の責任になるのである。以下では、リスクに対する対応策について解説する。

リスク管理計画は以下の手順で行なう。

リスク管理の手順

1 リスク・マネジメント計画
プロジェクトのリスク管理に関する方針や原則を明確にする。

2 リスク識別
予想されるリスクをすべて洗い出す。

3 定性的リスク分析
リスクの発生確率と影響度を定性的に評価し、分析・対応するリスクを絞り込む。

4 定量的リスク分析
定性的リスク分析で絞り込まれたリスクに関して、それらがプロジェクトに与える影響を定量的に分析し、対応するリスクをさらに絞り込む。

5 リスク対応計画
残ったリスクに関して、その脅威を回避・低減するための対応策を立てる。

6 リスクの監視コントロール
プロジェクト実施期間中、識別したリスクや新たなリスクが発生しないかどうかを監視し、リスクが発生した場合にはリスク対応計画を実行し、その効果を確認する。

```
          ┌─────────────────────────┐
          ↓                         │
    ┌─────────────────┐    ┌──────────┐
    │ リスク・マネジメント計画 │←→│          │
    └─────────────────┘    │          │
          ↓                │ リ        │
    ┌─────────────────┐    │ ス        │
    │   リスク識別     │←→│ ク        │
    └─────────────────┘    │ の        │
          ↓                │ 監        │
    ┌─────────────────┐    │ 視        │
    │  定性的リスク分析  │←→│ ・        │
    └─────────────────┘    │ コ        │
          ↓                │ ン        │
    ┌─────────────────┐    │ ト        │
    │  定量的リスク分析  │←→│ ロ        │
    └─────────────────┘    │ ー        │
          ↓                │ ル        │
    ┌─────────────────┐    │          │
    │  リスク対応計画   │←→│          │
    └─────────────────┘    └──────────┘
          │                         ↑
          └─────────────────────────┘
```

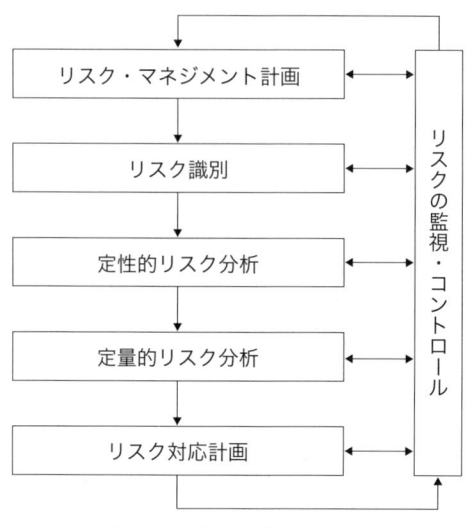

図 4-20　リスク管理の流れ

1　リスク・マネジメント計画

　ベンチャー企業のような新規性の高いものの創造にかかわる組織では、あえてリスクを冒して創造性を発揮するということが通常に行なわれる。一方、公共事業のような確実・堅実な事業を行なう組織ではリスクは極力避けたいところである。このように、業種や業態、組織によってリスク耐性が異なるため、リスク管理に関する方針や原則は組織ごとに決定するべきである。したがって、プロジェクトのリスク・マネジメント計画も、本来、プロジェクト実施機関が組織の方針として決定するべきものである。しかしリスク管理方針をもっていない組織は多い。実施機関にそういったものがない場合は、プロジェクトごとにリスク管理方針を立てることになる。

2　リスク識別

　予想されるリスクをブレインストーミングの要領ですべて洗い出す。「どのようなリスクが考えられるか？」と考えても、リスクはなかなか出てこない。WBS を見ながら、「この作業をするとき、スケジュールを

遅らせるリスクは？　コストを膨らませるリスクは？　技術面で問題になりそうなリスクは？」と作業ごとに分類して洗い出すとよい。

　ログフレームが作成されている場合、右端の「外部条件」および「前提条件」の列で大雑把なリスクの洗い出しはされている（表4-8）。これはつまりプロジェクトの立ち上げ段階ですでにリスクについて考えているということで、プロジェクトの失敗の原因の大半が初期段階にあることを考えると、大変理にかなったことである。

表4-8　ログフレームでのリスク管理（外部条件・前提条件）

プロジェクトの要約	指　標	指標入手手段	外部条件
上位目標 プロジェクト目標が達成されたことによりもたらされる、より上位、より長期の問題改善効果。 プロジェクトのインパクト。	上位目標の達成目標値を示す指標。	上位目標の指標の情報源。	上位目標よりさらに上位の目標があれば、それを達成するために必要な条件。
プロジェクト目標 プロジェクト終了時までに達成されることが期待される、プロジェクトの直接目標。 ターゲット・グループへの便益、受益者の行動変容、システムや組織の業績改善など。	プロジェクト目標の達成目標値を示す指標。	プロジェクト目標の指標の情報源。	上位目標を達成するために必要な外部条件。 プロジェクト目標と上位目標をつなぐ外部条件。 上位目標の達成に関するリスク。
成　果 プロジェクト目標を達成するために、プロジェクトの活動によってもたらされる中間目標。 プロジェクトの戦略。	成果の達成目標値を示す指標。	成果の指標の情報源。	プロジェクト目標を達成するために必要な外部条件。 成果とプロジェクト目標をつなぐ外部条件。 プロジェクト目標の達成に関するリスク。
活　動 アウトプットを達成するためにプロジェクトが行なう主な活動。	**投　入** 活動を行なうために必要な人材、機材、資金などといった資源。		アウトプットを達成するために必要な外部条件。 活動とアウトプットをつなぐ外部条件。 成果の達成に関するリスク。
			前提条件 プロジェクトを開始するために必要な条件。 活動を行なうために必要な条件。 活動の実施に関するリスク。

ただし、1つ注意点がある。「外部条件」は「Important Assumptions」の訳語である。すでに説明したとおり、外部条件は 1) プロジェクトの成功に必要だが、2) プロジェクトではコントロールできず、3) 満たされるかどうか不確かな条件を言う。これが満たされなければプロジェクトは成功しないのだが、にもかかわらず、それが満たされるかどう不確かで、かと言ってプロジェクトでそれを満たすこともできないような条件である。したがって、これはプロジェクトにとってのリスクである。プロジェクトではコントロールできないということは、プロジェクトの手の届く範囲の外にあるということで、「外部条件」という意訳はここに由来する。つまり、ログフレームでは「外部リスク」しか考えていないのだ。プロジェクトに関するさまざまな調査によると、最も多く見られるプロジェクトの失敗の原因は、計画不足、マネジメント不足、コミュニケーション不足といった内部リスクである。外部条件のみをリスクとしてしまうと、これらの内部リスクが見過ごされることになる。対応策としては、ログフレームの「外部条件」を「リスク」として、そこに内部・外部を問わず主なリスクを記載する方法が考えられる。あるいは、ログフレームでは外部条件の記載にとどめ、別途リスク管理計画書を作成して、そこに内部リスクと外部リスクを記載する方法もある。内部リスクはともすれば関係機関の能力不足に関する指摘になりがちなので、公表する文書には記載しないというのも、大人の対応ではあろう。

　参考までに、「補遺4」にリスクの例をあげておく。これを見てもわかるように、プロジェクトで問題になるリスクは、ほとんどが内部リスクなのだ。

3　定性的リスク分析

　リスク識別で洗い出された個々のリスクについて、その発生確率と影響度を検討する。発生確率、影響度ともに、図4-21に示すように3段階程度で十分だと言われている。リスクひとつひとつに関して、発生する確率が高そうなら縦軸の3、中程度なら2、あまり起こりそうになければ1、発生した場合のプロジェクトに対する影響度が大きければ横軸

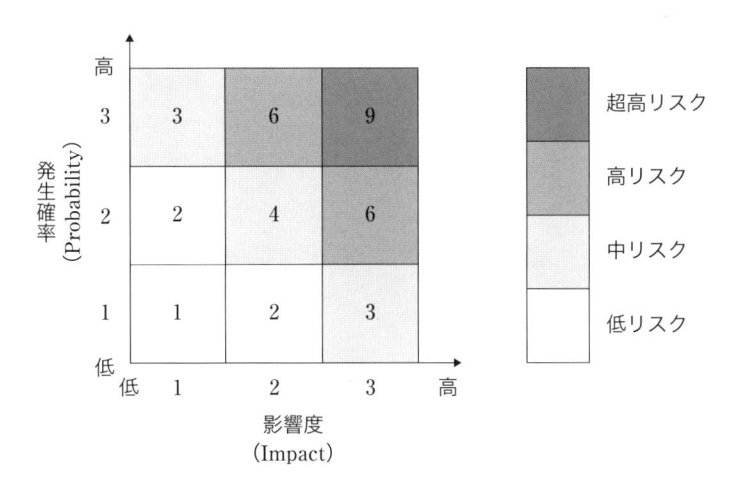

図 4-21　リスク発生確率・影響度マトリックス

の3、中程度なら2、あまり大きくなければ1といった具合に定性的に判断し、該当する個所にプロットしていく。

　たとえば、事例の「ヒマラヤA国食生活改善プロジェクト」であれば、ログフレームを見ると、家庭菜園をつくることになっている。天候に関するリスクを考える必要がありそうだ。1年間のプロジェクトだから10年に1回しか起こらない大雨を心配する必要はないが、頻繁に起こる冷害については心配する必要がある。冷害は毎年起こっているので、発生確率は3。どんなに人形芝居や料理教室で食生活に関する意識変革を行なっても、冷害が起こって食材ができなければ食生活の改善はできないので、影響度は3。ということで、このプロジェクトでの冷害リスクは9の象限、超高リスクになる。予防対策と発生時対策が必要だ。

　どのレベル以上のリスクに対して対応策を考えるかは、プロジェクトによって、あるいは組織によって異なる。先に述べたとおり、組織によってリスク管理方針が異なるからだ。一般的には、低リスクについては特に対策は立てずに監視を続け、中リスクについては発生時対策を立てておき、高リスクと超高リスクについては予防策と発生時対策を立てておくといった対応が多いようだ。

4　定量的リスク分析

　定性的リスク分析で対応が必要とされたリスクに関して、それらが発生する確率と、発生した場合にプロジェクトに与える金銭的影響を定量的分析ツールを使って分析し、対応するリスクをさらに絞り込む。起こるか起こらないかわからない問題すべてに対応している余裕はどの組織にもないので、定性的分析と定量的分析の2段階に分けてふるいにかけるわけである。

　定量的リスク分析では、インタビューなどを通してデータを収集し、期待金額価値分析（EMV）やデシジョン・ツリー分析、モンテカルロ・シミュレーション技法などを用いて発生確率や影響度を割り出す。個別のツールの詳細はリスク管理関連の書籍にあたってもらいたい。すでに述べたように、リスク管理はプロジェクトマネジメントの重要な課題なので、関連書籍は多数、出版されている。

5　リスク対応計画

　定性分析と定量分析を経て絞り込まれたリスクに対して、具体的な対応策を計画する。リスクに対する対応戦略としては以下のようなものがあげられる。

　　回避：　リスクの影響が及ばないようにプロジェクト計画を変更する
　　転嫁：　リスクの影響を対応責任とともに第3者に移す（保険、契約等）
　　軽減：　リスクの発生確率や影響度を受容可能なレベルまで低減する
　　受容：　リスク対応策は立てない。コンティンジェンシー予備やマネジメント予備（「4.5 コスト見積もり」参照）をもうけるなどして、リスクを受け入れる

　これらのリスク対応戦略を念頭に置いて、具体的なリスク対応策を表4-9のようなリスク管理計画表にまとめる。

　表中のトリガー・ポイントというのは、リスクが発生しつつあることを示す兆候のことで、これを超えたら発生時対策を実行するという目安を示

表4-9 リスク管理計画表

リスク No.	リスク事象	原因	プロジェクトへの影響	確率	影響	判定	予防対策	トリガーポイント	発生時対策	監視担当者
1	料理教室の参加者が少ない	メニューが魅力的でない	料理のレパートリーが増えない(成果3)	1	3	3(低)	リスク監視のみ			佐藤
2		主婦が料理教室に参加することに家族(特に夫)が反対している	プロジェクトに対する住民の不信感の増加	1	3	3(低)	リスク監視のみ			山本
3	家庭菜園の収穫が低い	冷害が厳しい	食材が増えない	3	3	9(超高)	防風ネットの設置	氷点下10日以上続いた場合	プロジェクト予算で食材を購入(ただし緊急避難策として)	山本

リスクNo.4以下は省略

すものである。

　以上がリスク管理計画の概要である。なお、リスク管理は継続的なプロセスだということも覚えておく必要がある。プロジェクトを実施しているあいだに周辺状況は変化するし、当初のリスク識別時には認識されていなかったリスクがほかにも見つかるかもしれない。また、定性的分析と定量的分析を行なって対応すべきリスクを絞り込むプロセスの中で、対応不要として取り上げなかったリスクがあるが、それらが発生する可能性もゼロではない。したがって、リスク管理計画は定期的に見直す必要がある。

4.8　活動計画表

　以上がプロジェクト計画プロセスの概要である。復習すると、立ち上げ段階で作成した目的系図とログフレームをもとにWBSを作成し、WBSに示されたワークパッケージの作業ひとつひとつの所要期間を見積もってスケジュールを立て、人を配置し、コストを見積もり、コミュニケーショ

ンを計画し、リスク管理計画を策定する。

　PCM 手法では、以上のプロセスのうち、WBS、スケジュール、人員配置、コストの4つの要素を1つの表にまとめた活動計画表（PO：Plan of Operation）というものを作成する（図4-23）。ログフレームは、プロジェクトのコンセプト・ペーパーと呼ばれるように、プロジェクトの概要をまとめたもので、ログフレームだけでは実際の作業はできない。実際の作業は、計画内容を詳細化した活動計画表をもって行なう。

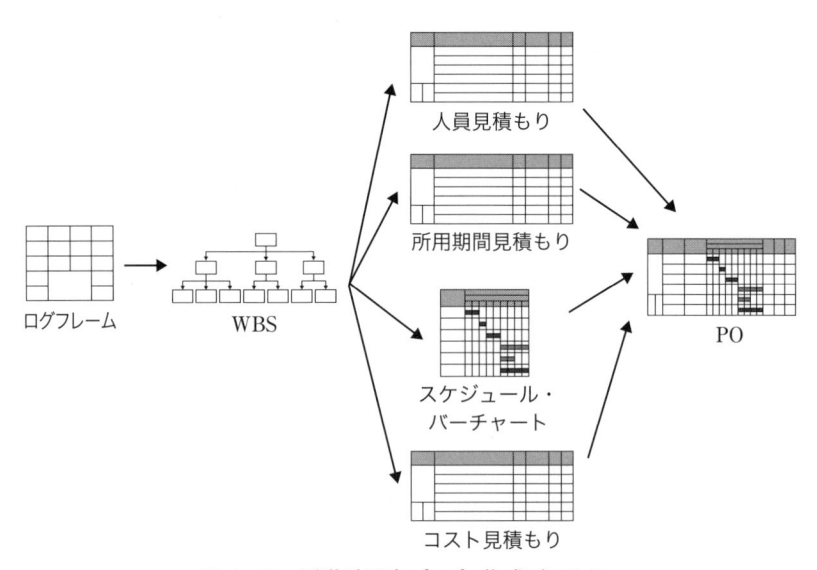

図 4-22　活動計画表（PO）作成プロセス

第4章 計 画

成果	活動	期待される結果	スケジュール 7月 1 2 3 4 5 6 7 8 9 10 11 12 13 14	責任者	活動実施者	資機材	経費(千円)	備考
0. プロジェクト実施体制が整っている	0.1 プロジェクト・オフィスを兼ねる宿を確保する	プロジェクト・オフィス、宿		山本	山本 伊藤 渡辺	—	800	
	0.2 村長と村役場に挨拶と趣旨説明を行なう	村長と村役場のプロジェクトに対する理解		〃	全員	趣意書(現地語)	10	
	0.3 村の集会で村人に趣旨説明する	村人のプロジェクトに対する理解		〃	全員	趣意書(現地語)	2	
	0.4 村人の食事内容調査と血圧検査を行なう	食事内容調査報告書、血圧検査報告書		〃	全員	調査票 血圧計	35	
1. 村人が副食の重要性を知っている	1.1.1 人形芝居の場所をさがす	人形芝居会場		佐藤	佐藤 鈴木 高橋	—	20	
1.1 人形芝居が開催される	1.1.2 人形芝居の内容を再検討する	人形芝居台本		〃	全員	裁縫道具	0	
	1.1.3 リハーサルをする	リハーサル		〃	全員	人形他一式	0	
	1.1.4 住民に開催を知らせる	開催通知		〃	佐藤 鈴木 高橋	ビラ(現地語)	2	
	1.1.5 人形芝居を開催する	人形芝居		〃	全員	人形他一式	30	

(2, 3, 4は省略)

図4-23 活動計画表（PO）

第5章

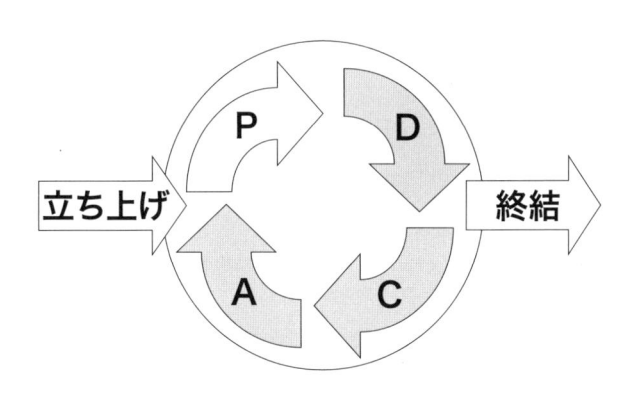

実　行

第5章 実行

5.1 実行プロセスの概要

　立ち上げ、計画が終わると、いよいよプロジェクトの実行開始である。
　立ち上げ段階でログフレームができ、目標、成果、活動といったプロジェクトの概要が固まった。次に、計画段階で、WBSが作成され、日程計画、資源計画、予算計画などが立てられた。ここまでは実行段階のための準備にすぎない。当たり前のことだが、プロジェクトは、成果を生み出し、目標を実現するためのもの。実行あってのプロジェクトだ。それにしては、多くのプロジェクトマネジメント解説書が、立ち上げ・計画にページの大部分を割き、実行の部分が非常に薄い。これにはおそらく3つの理由が考えられる。まず、実行プロセスが「人」に大きくかかわるために体系化しにくいということ。次に、整然とした計画の世界に対して、混沌とした現実の世界は不確実性に満ちて体系化しにくいということ。そして、実行プロセスの中核は「業務の実行」であるため、そのマネジメントはプロジェクト特有のものではなく、その分野の専門的知識やスキル、ないしは一般的なマネジメントでカバーされる部分が大きいということ。
　1つめの、人にかかわる難しさは、すべてのプロジェクトについてまわる課題である。プロジェクトは人によって実施される。その中で、プロジェクトによっては文化の違う人とのかかわりもでてくるし、同じ日本人であってもそれぞれ違うグループによる混成チームの場合、仕事の進め方やそもそもの仕事に対する姿勢などが大きく違うことがある。そのような環境で、相手を責めたり、無理にどちらかのやり方に合わせようとしても、解決にはならない。
　2つめは、不確実性である。人にかかわるから不確実だとも言えるが、それだけではない。来るべき投入財が来ない、チームメンバーが病気になる、自然災害が発生するなど、プロジェクトの実行途中ではさまざまな不

確実性に、その多くはネガティブなリスクやトラブルに、出逢うことになる。計画は過去の経験やデータに基づく仮説の積み上げである。もちろん、リスクを分析したうえでより現実的な計画を立てるのであるが、計画が仮説である以上、計画と実行の間にギャップは必ず生じる。

　3つめの、分野の専門性や一般的なマネジメントの占める割合が大きいという点は、実行プロセスに限らず、プロジェクトマネジメント全体に言えることである。つまり、プロジェクトマネジメントは「マネジメント」の一領域にすぎないということ。実感としては、プロジェクトマネジメントをやっているつもりでいたのに、気がつくといわゆるマネジメントをやっているということである。この傾向は実行プロセスでは特に強い。実行段階では、人間関係のしがらみのなかで、予期せぬ障害に悩まされながら、日々成果物を生み出すための作業を行なう。これはプロジェクトでも定常業務でも同じだ。したがって、実行プロセスに入ると、WBSやCPMといったプロジェクトマネジメントのツールよりも、ビジョンを掲げチームの士気を高める演出、日常的なトラブルの克服、人材の育成といった、一般的なマネジメントの知識やスキルとリーダーシップが要求される。一般的なマネジメントにかかる知識群は膨大であり、プロジェクトマネジメント解説書の範疇を超えるものである。プロジェクトマネジメント解説書の実行プロセス部分が薄くなるのはそのためである。本書も、膨大になる一般的なマネジメントの解説を網羅することはしない。興味のある方はマネジメント（経営）を勉強していただきたい。

　一方で、現場で作業を実行していくにあたってプロジェクトマネジメント担当者にお勧めしたい思考法を解説する。その後、実施体制づくり、コミュニケーション管理、チームビルディング、モニタリング、変更管理といったマネジメントに関して、考え方とツールを解説する。

5.2　実行管理の思考法

　計画段階から実行段階に移行するプロセスとして、計画書を正確に読み取り、咀嚼し、肉づけして、現場になじませていく過程が必要である。ま

た、実行中も、計画と現状を行きつ戻りつしながら、ときには現場作業を急がせ、またときには必要に応じて計画を修正して、つねに計画と現状をなじませる必要がある。このことによって、計画にも現状にも、どちらにも過度に引きずられることのない実行管理が可能になる。ここではそのための思考ツールを紹介する。

5.2.1 ビジョニング

ビジョン（vision）には、視覚、映像、見通し、想像といった意味がある。経営では、経営者が抱く明確な発展の将来像を示す言葉として用いられることが多い。プロジェクトを成功させるためには、そのプロジェクトの将来像を関係者が理解し共有することが必要である。そこで必要なのがプロジェクトのビジョン（将来像）を描くこと、ビジョニングである。プロジェクトマネジャーには特にこの能力が求められる。

優れたプロジェクトマネジャーは、自分の言葉で、関係者のレベルに応じて、プロジェクトの現状と将来像を正確に伝えることができる。また、予期しなかった問題が発生したときに的確な判断を下すことができる。これは、プロジェクトの将来像とそこにいたるまでの道筋がビジョンとしてイメージできているからである。

ビジョニングに特に決まった手順はないが、プロジェクト目標とそれを達成するための中間成果を再確認することから始めるのがよいだろう。まず、スコープ記述書に記載されたプロジェクト目標と中間成果物をよく読んでもらいたい。ログフレームがあれば、そのプロジェクト目標と成果、それぞれの指標をよく読む。そのうえで、自分がプロジェクトの終了時にいると想像してみる。まわりには関係者が満足顔で座っている。プロジェクトが成功裏に終わったからだ。そして、以下のような想像をしてみる。

1. 目の前にはどのような成果物が並んでいるか
2. プロジェクトサイト（現場）の状況はどうなっているか
3. ターゲットグループ(顧客)はプロジェクトにどのような感想をもっ

ているか
4. チームメンバーはプロジェクトにどのような感想をもっているか
5. ステークホルダーはプロジェクトにどのような感想をもっているか
6. そのほかにどのような望ましい変化が起きたか

　視覚や映像だけではなく、触感や匂いなど、具体的であればあるほどよい。このような具体的なイメージをもつことによって、プロジェクトの目標とそこにいたる道筋を正確にとらえ、的確な判断の指針とすることができる。もちろん、プロジェクトの初期段階ではビジョンにも曖昧な部分が多いだろう。そうであれば、それを段階を追って明確なものにしていくのである。
　プロジェクト目標と成果のビジョンが明確に感じられたら、さらに、活動のイメージ、投入のイメージ、リスクのイメージと、ビジョンを広げてゆく。そのための材料として、スコープ記述書だけではなく、WBS、CPM、スケジュール表なども使ってみる。こうしてさまざまなビジョニングを繰り返すことによってプロジェクトの全体像が自分のものになってゆく。
　ビジョニングは個人で完結させる作業ではない。プロジェクトのビジョンを関係者と共有することが必要だ。このビジョンがこのあとの実施体制づくりやモニタリングなどの基礎となる。そのため、プロジェクトマネジャーが中心となってプロジェクトのビジョンをしっかりと関係者間で共有し根づかせる努力をしてもらいたい。
　締めくくりとして、これらのビジョンを自分の言葉で文章化し、それを印刷して目に見えるところに張り出しておくとよい。プロジェクトメンバーと共有することで、想いを共有することができる。

5.2.2　集約と分割

　計画書類にはログフレームから投入計画書までさまざまなレベルのものがある。ログフレームはプロジェクトの概念表であり、それを分割した

WBSや活動計画表がある。さらに現場レベルにいけば、各メンバーが作成する年間計画などもある。これらの詳細なレベルまでプロジェクトマネジャーがすべて管理することは効率的ではない。

　プロジェクト・ライフサイクルという概念（第2章参照）では、プロジェクトを大きく複数のフェーズに分割してプロジェクトの全体像を把握する。計画プロセスにおいては、ログフレームを中心に構成され緻密に細分化された多くの計画書類の情報が存在する。この多くの情報のままでは、全体像を把握することはできない。

　プロジェクトマネジャーは、多岐にわたる活動を時期や分野によって集約化し、簡略化したモデルにすることによって、プロジェクトの全体像をつかむことが必要である。集約化とは簡単に言うと「束ねる」ということである。ログフレームには「成果」という欄があり、ここにプロジェクト目標を達成するうえで必要な要素が羅列されているが、これも集約化（束ね方）の1つの形である。プロジェクトマネジャーはこれら複数の成果がどのような形で相互に関連しているのかをモデル化できなければならない。

　もう1つの集約化の例としては、時間による区切りがある。たとえば3年のプロジェクトを時間で区切ると、1年目で何が行なわれ、何が達成するのか、2年目で（1年目の成果を使って）何が行なわれ、何が達成するのか、3年目で（2年目の成果を使って）何が行なわれ、何が達成するのかといったことが大まかに、しかしポイントを押さえて把握される。

　このログフレームによる区切り、時間による区切りのほかに、イベント（セミナーやワークショップ、大きなミーティング）による区切りなども使われる。

　マイルストーンに似ているが、マイルストーンがあくまでもイベントの点であるのに対して、集約化は活動や成果品が1つになった「束」に近い概念である。またその「束ね方」はプロジェクトマネジャーの頭の中で自由に行なわれるものであり、プロジェクトマネジャーごとに違う。束ねることで全体像としての理解が促進する。

　このように束ねる一方で、「バラす」こともときに必要である。たとえば、各メンバーが進捗状況を報告したときに、どの束のどの部分の進捗を

述べているのかを認識していなくてはならない。また問題が起きて想定していた状況に大きな変化があった場合、どの束のどこの部分にどう影響があるのかを知らなくてはならない。その場合には、束ねた活動や成果を必要な程度までバラけさせる分割化が必要である。

　分割化はWBSに似ているが、WBSがすべての要素を同レベルまで細分化するのに比べて、分割化（バラす）は、必要な部分を必要なレベルまで細分化する概念上の作業である。また概念上必要な作業であるため、必ずしも文章化する必要もない。さらに上記の集約化（束ね）と同様に、分割のやり方は、ログフレームや活動計画表の活動や成果、時間、イベントなど、マネジャーによりさまざまなパターンがある。

　プロジェクトマネジャーは、この集約化と分割化という2つの相対するツールを使い、プロジェクトの全体像を正しく把握することにより、状況に応じた的確な判断を行なうことが望まれる。

5.2.3　ポイント・オブ・マネジメント

　プロジェクトマネジャーはログフレームから活動計画書といった多くの計画書類に囲まれてプロジェクトを実施する。さらにチームメンバーからの進捗報告書や日々の経費領収書類までを入れると、プロジェクトマネジメントは膨大な情報をあつかうことになる。これら膨大な書類を逐一すべて同じ程度で目を通していたら、情報を理解することで1日が終わってしまう。プロジェクトマネジャーの仕事の全体の70％以上は人とのコミュニケーションと言われている。

　効果的なマネジメントをする「できるマネジャー」は、いわゆるマネジメントの「ポイント」またはツボを押さえることができる人である。マネジメントのポイントという点では、ログフレームの目標による管理が一例である。ログフレームは、プロジェクト目標を1つに限定し、さらにそれにぶら下がる成果という具体的な目標を掲げることでマネジメントのポイントを絞っている。またログフレームに従属する活動計画表を見て、それぞれの活動計画と実施の差異を見るというのも1つのやり方であろう。

目標による管理を、トップダウン型管理ではなく、反対に投入、特に人材（チームメンバー）にポイントを絞り、チームメンバーの満足度や生産性からマネジメントする方法がとられることもある。マネジメントのポイントはさまざまである。

- ◆ログフレームの上位目標とプロジェクト目標
- ◆ログフレームのプロジェクト目標や成果
- ◆ログフレームには記載されていない成果
- ◆年次報告や月間報告などの時間軸による進捗
- ◆各活動の実施状況
- ◆投入人材の満足度や生産性
- ◆投入の実現状況

　上記はログフレームに基づいてマネジメントのポイントを上から下のレベルまで並べてみたものだが、これを上から下まですべてマネジャーが監視するのは非生産的である。多くの経験豊かなプロジェクトマネジャーはツボを心得ている。ログフレームで言うプロジェクト目標や成果をチーム全員でいつも意識しながら成果を中心にマネジメントするマネジャーがいる一方で、投入財であるチームメンバーの日ごろの満足度や意見により注意を払うマネジャーもいる。もちろん成果主義か投入主義かという二者択一ではなく、プロジェクトの内容や環境によっても、マネジメントのツボが変わってくる。また、さまざまな書類がある中で、どの計画書（または報告書）のどの部分を見るべきか、または書類でなくどの人のどの部分を見るべきかも理解している。

　ここで注意したいのは、プロジェクト実施機関などの上位組織が要求するさまざまな進捗報告書と実際のマネジメントのツボの違いである。ほとんどの組織ではプロジェクトの年次報告書や半期報告書などは提出することになっているが、実際これが現場の進捗管理ツールとして使われるのは稀である。これら報告書の類は、上位組織に対する説明用につくられるものであり、現場のプロジェクトマネジャーは、プロジェクトが成功しつつ

あるか失敗しつつあるかという情報は、独自のツボをもって収集しているのが通常である。

　たとえ話を1つ。あるマネジャー（Aさん）は、各チームメンバーの日ごろの職場での満足度や将来キャリアまでをいつも気にしてコミュニケーションをとった。彼のポイントはまさに投入人材の満足度と生産性である。投入にポイントを絞ったことにより、各メンバーの信頼を勝ち取り、メンバーの自律的な目標管理によりプロジェクト目標の達成に結びついた。いわば、プロジェクトにおける「投入」特に「人的投入」にポイントをおいたマネジメントで成功した。

　別のあるマネジャー（Bさん）は、日ごろからプロジェクトの上位目標とプロジェクト目標をミーティングやさまざまな場面でメンバーに熱く語っていた。彼の視点はどうやって上位目標に到達するようなプロジェクトにしていくかであった。その中で、マネジャーの目標への強い意思がメンバーに理解され、結果的に当初のプロジェクト目標をまわる結果になった。人重視であったAさんに比べると、Bさんのマネジメントは、プロジェクトの「上位目標」にポイントをおいたマネジメントであったといえよう。

　上記の例に見られるように、必ずしもプロジェクトマネジメントのツボは1つではない。一方で、ツボを押さえずに単に報告書を集めて上位組織に送っているだけでは、結果的に効果的なマネジメントにはいたらないだろう。

5.2.4　ローリングウェーブ

　プロジェクトは定義上すべて新しい試みであり、初期段階では目標や目標達成の筋道が見えないことが普通である。上記のビジョニングで述べたこととは相反するかもしれないが、ビジョニングはあくまでも現時点での想像であり、プロジェクト開始時のビジョンがそのまま最後まで変わら

ないということはまずない。そのうえで重要なのはローリングウェーブという思考法である。ローリングウェーブとは、第2章でも解説されているが、プロジェクトの実施を通じて新しい情報を組み入れ、順次期間の近いものから詳細に計画していく計画法である。この計画法は、計画のみならずそれに続く実施と計画をどのように融合させていくのか、ということを実によく示しており、プロジェクトマネジャーがもつべき思考法としても重要である。

　ローリングウェーブと言うと何か難しい新しい概念に聞こえるが、日ごろから私たちがプロジェクトや仕事の管理で行なっている行動である。たとえば、プロジェクト期間全体の活動表をつくったら、次に年間の計画表をつくる。また年間計画を見て、四半期の最初の計画をつくる。さらに月間計画もつくる。そして最近の計画を実施した結果、新しい問題や機会が発見されれば、それが親となる計画にも反映される。反映された結果、また次の詳細計画が練られるのである。それは寄せては返す波のようであるからローリングウェーブである。

　このローリングウェーブは、特に不確実性に囲まれたプロジェクトの場合は、1つの思考法として意識して使うことができる。たとえば、ある計画が実行できないと判明した場合に、それが全体計画にどのような影響を

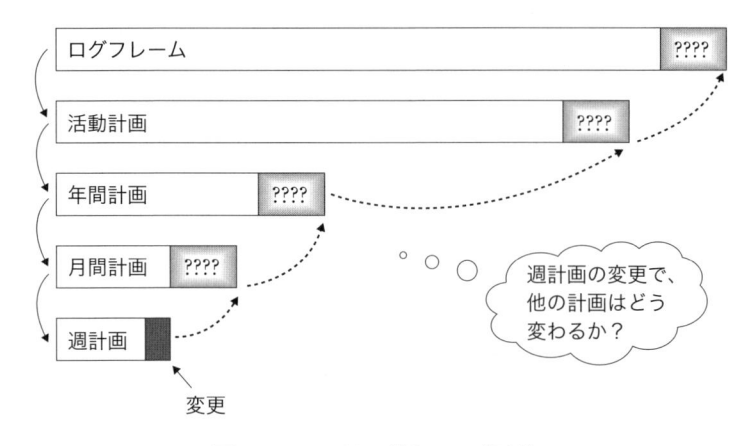

図5-1　ローリングウェーブ思考

与えるかを見て全体の構成を再構築し、全体を見直したうえで、それを詳細計画まで降ろすという考えである。明日何が起こるかわからないような環境でも、計画は必要ないということではなく、新しい状況が判明した時点で、大きな長期的視点から小さな短期的視点にまで降ろしていくことで思考法として有効である。その際に、上述した「集約化・分割化」という思考法がツールとして必要となる。

5.3 実施体制づくり

プロジェクトには、活動がありそのためには人材が必要である。人間がまったく関与しないプロジェクトはなく、ほぼすべてのプロジェクトが複数のプロジェクトチームメンバーの共同作業である。また、プロジェクトにかかわる人材はプロジェクトチームメンバーだけでなく、プロジェクトの財政支援者、上位監督者、ターゲットグループなどなど、プロジェクトの外のステークホルダーとの協調が不可欠である。ここで言う実施体制とはプロジェクト内だけでなく、外との調和関係も含んだ概念である。プロジェクトマネジャーはこれら内外の多くのステークホルダーとの友好的な関係と調和を保ちつつ、プロジェクトの実施プロセスのマネジメントをする必要がある。

5.3.1 実施体制（役割の認識）

実施体制については、その大まかなイメージはログフレームの投入のところで記述されている。また、大まかな実施体制についても計画時においてすでに青写真ができあがっている場合もあろう。しかし、ほとんどは計画プロセスにおける希望的観測に基づくものであり、ログフレームそのままの人材投入が入ることはまずないと考えてよい。また計画プロセスから実施プロセスに移行するあいだに、環境が変化し、計画時とは状況が変わっていることもあろう。よって、真に効果的な実施体制は、プロジェクトマネジャーによってつくられる。

プロジェクトの実施体制には、大きく分けて、プロジェクト内部の体制と、プロジェクト外部の体制がある。実施体制づくりには、以下のようなフローが必要となる。

手 順

プロジェクト内部

1　プロジェクト活動の明確化
2　各活動に必要な職能・専門知識の明確化
3　職能・専門知識の集約化・分割化
4　必要な人材のイメージづくり
5　人材プールからの選択
6　すり合わせ
7　責任分担表づくり
8　内部の実施体制の確認

プロジェクト外部

1　関係者分析
2　求められる機能の確認
3　実施体制づくり
4　最終確認

まずプロジェクト内部の体制づくりを行なう。

1　プロジェクトの活動の明確化

ログフレームや活動計画表などからどのような活動がどれだけ必要かを確認する。もし具体的な内容が不明確な活動があった場合には、目的との関連性から明確化する。その際に忘れがちなのがマネジメントに関する活動である。たとえば、日々の経理処理、上部組織や外部との対応や日程調整などなど、これらマネジメントの活動についても気を配ることが必要である。

2 各活動に必要な職能・専門知識の明確化

各活動について、必要な職能（活動を遂行する能力や技能）・専門知識がどのようなものか明確化し、リストにする。

3 職能・専門知識の集約化・分割化

リストになった職能を見て、ほぼ同じもので1人の専門家または技能者で対応できるようなものは集約化する。反対に、漠然としたような職能・専門知識があった場合は分割化する。これを職能ごとに繰り返し、整理してまとめる。

4 必要な人材イメージ

まとめられた職能ごとに、その活動内容と責任、そして必要な職能・専門知識について、求められる人材をイメージし、「職務記述書」(TOR: terms of reference)（図5-4）を作成する。

5 人材プールからの選択

この職務記述書にしたがって、人材プール（または雇用市場）から適格な人材を選択する。この段階ですでに投入人材がプロジェクトに配置されている場合には、すでに配置されている人材の中から、最も適格な人材を選択する。

6 すり合わせ

ほとんどの場合、選択した人材と職務記述書とのギャップが出てくる。それを本人との話し合いを通じて、人材と職務記述書のすり合わせを行なう。その際には、2つの視点が必要である。まずは本人の能力や専門知識から見た活動目標の達成という、プロジェクトの視点。さらに、本人のやる気、キャリア開発の方向性など、人材本人の視点も重要である。

7 責任分担表づくり

話し合いを通じて、人材と職務記述書のすり合わせができた段階で、「責任分担表」（図5-2）を作成する。責任分担表は、大まかな活動について誰が責任をもつかを明記した表である。責任者だけでなく、監督者や業務サポーターの名前も入れることもできる。

8　内部の実施体制の確認

責任分担表の内容を利用して、内部の会議や話し合いによって、「実施体制図」（図5-3）を作成し、確認する。実施体制図は、各チームメンバーの命令・報告といった情報の流れや関係性を線などで表した図である。スタイルとしては系図の形をとる場合が多い。

次に、外部のステークホルダーに目を向ける。

1　関係者分析

立ち上げ段階の関係者分析ではプロジェクトの関係者（ステークホルダー）が確認されたが、ここでもう一度どのような関係者がいるのか整理をして、それぞれのニーズや権限、想定される役割などについて確認する。

2　求められる機能の確認

プロジェクトをマネジメントするうえで、またログフレームの目標達成を目指すうえで、外部者とのコミュニケーションや支援でどのようなことが必要かを確認する。

3　実施体制づくり

上記の確認を行なったうえで、各組織に最もふさわしい配置をする。場合によっては、複数のステークホルダーによるプロジェクトへの支援委員会のような組織に再編成することも有効である。また、マネジメント上あまり必要のない組織を配置することはない。できあがったら、先ほどの内部の実施体制と統合させる。

4 最終確認

実施体制図を会議などで承認する。その際には、各関係者・関係組織の役割や機能を確認しておく。

活動 No.	活動内容	責任者	Mr. A	Ms. B	Ms. C	Mr. D
1-1-1		Mr. A	P		S	I
1-1-2		Mr. A	P		S	I
1-1-3		Mr. A	P		S	I
1-1-4		Ms. B	A	P	S	S
1-1-5		Ms. B	A	P	S	S
1-2-1		Ms. C	I	A	P	
1-2-2		Ms. C	I	A	P	
1-3-1		Mr. D	A			P
1-3-2		Mr. D	A			P
1-3-3		Mr. D	A			P

P：Prime　　責任者　　　S：Support　　支援者
A：Approve　承認者　　　I：Inform　　　報告先

図5-2　責任分担表

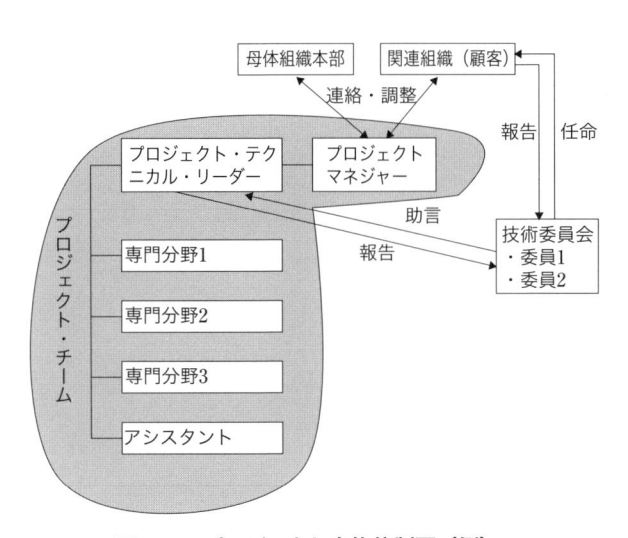

図5-3　プロジェクト実施体制図（例）

プロジェクト名：	
プロジェクトマネジャー名：	
ドキュメント番号：	
起案者：	起案日：

対象メンバー名：	職務名：
プロジェクトの目的：	
タスク：	
成果物および期限：	
作業協力者：	
中間報告実施時期および方法：	
留意事項：	
別添された関連文書リスト：	

図5-4　職務記述書（TOR）

一般的に、組織を類型化すると以下のようになる。

表 5-1

体制	説明	特徴
ライン組織	社長の下に部長、課長、係長、一般社員という形で人材が命令系統で連なる。	トップに情報と権限が集中するのでリーダーシップを発揮しやすい。トップの負担増。セクショナリズム。
職能的組織	職能別の複数の職長（親方レベル）が、複数の作業員を同時に指導する。研究所などの機関で使われる。	管理職の負担は減る。専門的仕事ができる。複数の上司がいるので、指揮命令系統が混乱する。
ラインアンドスタッフ組織	ライン組織をジェネラルスタッフ組織が補佐する組織形態。中大規模組織では一般的。	ライン組織のスペシャリストの育成と、管理職の負担軽減を同時にはかれる。ラインとスタッフの調整が困難。
事業部制組織（カンパニー制）	市場や商品別に事業部をつくり、各事業部に権限を大きく移譲する分権型組織。各事業部の権限を独立企業に近づけたのがカンパニー制。	対象市場の専門性と機動力を高められ、一方トップは経営に専念できる。各事業部に同じような機能があり非効率。セクショナリズム。
プロジェクト組織	複数の部門に関連する課題を解決するために、関連する部門から専門家をあつめた臨時的・目的別組織。	機動力、効率性が高く、また人材配置も柔軟に対応できる。リーダー（マネジャー）の力量に負う部分が多い。引き継ぎの困難性。
マトリックス組織	ラインスタッフ組織とプロジェクト組織を格子（マトリックス）状に組み合わせた組織。	ラインスタッフの通常業務の一貫性とプロジェクト組織の機動性を組み合わせた。命令系統が混乱する。

　この中のどの組織形態が優れているかという話ではなく、実際に自分の所属する組織を見ると理解できると思うが、多くの組織は上記のさまざまな組織形態を部分的に組み入れている。
　プロジェクトの実施体制を考える場合でも、必ずしもプロジェクト組織が最適ということではなく、プロジェクト業務調整員（コーディネーター）というジェネラルな職務を設定することにより、各メンバーが各自の専門領域に集中できる環境づくりをすることも可能である。要は、自分のプロジェクトのマネジメントに求められる機能が何か、その中で最良の組み合わせを考えることが必要なのである。

一度、実施体制をつくってしまったら、そのままプロジェクト期間中ずっとそれでやっていかなければならないということではない。特にプロジェクトの初期段階においては、定期的に各メンバーの役割分担やプロジェクトの実施体制について、関係者の意見を聞き、改善を図るべきである。

5.3.2 動機づけ

実施体制ができたら、次に考えるのはその中で働く個々の人間である。人間が仕事に専念し100%の実力を発揮するためには、まずは本人のやる気が第一条件である。このやる気を高めることを「動機づけ」（モチベーション）と呼ぶ。フレデリック・テイラーなどの科学的（古典的）管理法では、人間は賃金などの直接的な利益によって動く「経済人」として想定されていた。しかし、人間は賃金のみを目的として働くわけではないことは、ホーソン実験などのさまざまな研究による立証を待つまでもなく、読者は実感として理解しているだろう。

ホーソン実験

1927～1932年、ウエスタン・エレクトリック社のホーソン工場で行なわれた実験で、工場の諸条件を変えることによって、それがどのように生産性に影響するかを調べたもの。ハーバード大学のエルトン・メイヨーとフレッツ・レスリスバーガーによって実施された。当初は作業条件や労働条件が生産性に影響を与えるという仮説の立証を目的としたが、結果は全く逆で、以下の仮説が立証される結果となった。

- 物理的な作業環境の変化は、生産性に影響はなく、心理的な要因が生産性に影響する。
- 労働条件と生産性には相関関係がない。
- 作業員の行動や態度は感情に支配されており、この感情を正当化する傾向がある。
- 従業員の集団の中には独自の「感情の体系」や「非公式組織」が存在し、

> この体系や組織が集団全体を統制している。
> この実験後、経済人のモデルを越えて、感情や人間関係に左右される社会人モデルが成立した。

では、人間はどんなときに仕事に対してやる気になるのだろうか。

具体的には以下の方法を使うことができる。

1. 環境の改善
2. インセンティブ
3. グループ活動
4. 賞（Awards）
5. 心からのリスニング
6. 参加型
7. 職務拡大・充実
8. 自己能力開発制度
9. 組織開発・改革

1　環境の改善

　いくら職場環境よりも人間関係が大切だと言っても、職場が職場として機能していない状態であれば、人材は活動がままならない。それは賃金という労働条件に関しても同様であり、日々の生活にも困窮するような賃金レベルでは、モチベーション以前の問題で、モラルが下がる。職務に合わせて、仕事を遂行するうえで最低限のまた安全に仕事ができる程度まで、職場の環境を引き上げることが必要である。また、環境を広くとらえると、家庭の事情が極度に悪い場合にも、モチベーションの低下が起こる。家庭事情など、直接的には改善できるものではないが、後述するリスニングなどを通じて、心の負担をなるべく改善することにも配慮する。

2　インセンティブ

　仕事をやってもやらなくてもまったく同じであれば、怠ける人材は多い。その場合、仕事量を賃金や昇進などという誘因（インセンティブ）とつなげて、モチベーションを上げることができる。インセンティブは何も賃金や昇進だけでなく、より大きな仕事を自己管理させるとか、追加的な事業資金を出すなど、さまざまな方法がある。注意点としては、この追加的な利益が、本人の成果と結びついた結果であることをしっかりと明示することである。

3　心からのリスニング

　プロジェクトは言わば一時的な寄せ集めの人材で実施される。それぞれがさまざまな問題を抱えるが、他のメンバーに相談することもできずに、1人で問題を抱え込んでしまうことも多い。その場合、プロジェクトマネジャーは、相手の話を心からリスニングすることが必要である。ここでヒアリングと違うのは、ヒアリングは鳥などの鳴き声が聞こえている状態を示すが、リスニングとは相手に向かって積極的に聞こうとする姿勢である。相手の声を単に聞いているのではなく、心から真剣に相手の話を聞く姿勢を貫くことで、メンバーから絶大な信頼を得ることができる。留意点として、聞いてもすぐに相手の問題点を指摘したり、解決策をすぐに命令したりしてはいけない。まずは「聞く」という姿勢を少なくとも30分以上は続けてみよう。

4　グループ活動

　人間は自分の組織に帰属する感覚を好み、また帰属意識が生まれると、その組織への貢献意欲が生まれる。仕事という範疇を超えて、プライベートな部分でもグループとして活動することで、帰属意識を高め、モチベーションを高めることができる。たとえば、プロジェクトメンバーで定期的に朝食会をする、誕生日を祝う、マイルストーンの切れ目で飲み会やパーティーをする。また日本では、社員旅行や全員参加の大掃除なども実施されている。このような活動により、日ごろ仕事上では気づかな

いことが明らかになり、またメンバー間の誤解が解けることもある。

5　賞（Awards）

ここでいう賞とは、インセンティブではなく、よいところを「ほめる」ということである。たとえば映画のアカデミー賞では、作品賞、監督賞、主演女優賞、助演男優賞など、たくさんの賞がある。このアカデミー賞でもらうのは陳腐な人型トロフィーである。しかし、この賞をもらう、つまりほめてもらうというのは、大変なモチベーションとなる。この方式を会社で利用しているところも多い。留意点としては、人をほめることを目的とするものであり、もらえなかった人を蔑むものではないということ。1つではなくさまざまな側面の賞を複数つくること。なるべく定期的に行なうこと。また、マネジメントの方針を明確にして、なぜこの賞を設定し、なぜ彼女（彼）にそれが与えられるのかを明瞭に説明すること。さらに、権威という点から、リーダー等の権威者が複数の意見を聞いて選定すること、などがあげられる。

6　参加型

参加型は本書の根底に流れる思想である。プロジェクトの立ち上げ、計画、実施から終結・評価にいたるまで、プロジェクト関係者の意思を尊重しつつ、協働という精神でプロジェクトを進める。プロジェクトが開始されて配置された人材にはまだ問題意識が十分に備わっていない場合も多い。プロジェクト活動を考える前に、まずは問題意識を共有するようなワークショップをもう一度簡単にして問題意識を共有するとよい。活動を考えるときにも、プロジェクトマネジャーが活動を決めてしまうのではなく、メンバーに最初のたたき台をつくらせる。これら参加型のマネジメントスタイルは、メンバーのオーナーシップを高めることにも役立つ。

7　職務拡大・変更

プロジェクトが始まってある程度たつと、仕事がマンネリ化し、新鮮

味が感じられなくなり、労働意欲が落ちる場合が多い。その場合、職務の内容を拡大して、新しい分野をスタートさせる、または新しい職務に転換することで新鮮味を保つことができる。たとえば、今まで研究所で技術開発をしていた人材に、調査やセミナーでの発表という職務の膨らみをつけて、新しい経験をつけてもらう。また、一般の企業では、部門間（職場間）の人材のローテーションが行なわれるが、職場を変更することで、幅広い人材を育てるということと同時に、本人や受け入れる職場に新鮮味をもたらし、労働意欲が増す。プロジェクトの場合、配置転換は難しいであろうが、たとえば、複数のメンバー間で1つのミニプロジェクトを実施するなどして、日常の職務とは違うことを取り入れるのも1つである。

8　自己能力開発制度

プロジェクトは一時的であるが、そこに配属される人材の人生はずっと続くものである。配置される人材にはそれぞれの人生設計があり、そのためのキャリア開発の方向性というものがある。プロジェクトマネジャーとしては、各人の長期的なキャリア開発の青写真をリスニングし、それに合わせた配置も考えることが必要である。たとえば、いまは経験がなくとも、特定の新しい分野で経験をしたいという人材がいれば、追加的な研修（OJT含む）も取り入れて配置やTORを考える。そのことで、本人のニーズとプロジェクトのニーズをすり合わせ、本人のモチベーションを上げることができる。

9　組織改革

これは職場環境の改善の延長線上にあるが、より高次の環境改善である。プロジェクト実施体制が機能していない、非効率化、マンネリ化している、というような場合は根本的な改革が必要となる。もう一度、実施体制づくりの段階に戻り、リーダーや人材の変更なども含めて、改革することが必要となる。

さて、上記のツールのどの部分が自分のプロジェクトに利用できるだろうか。人によってはほとんど全部という方もいれば、ほとんど役に立たないという方もいると思う。また多くの方は、使えるものもあれば使えないものもあるという折衷派ではないか。筆者もそもそもこれらがすべてつねに効果的だとは思っていない。ときと場合によるのである。同じツールを使っても、それを受け取る人の受け止め方はそれぞれであり、個人レベルの動機づけを理解することが必要となる。

ここで、すでに古典となっている代表的な個人の動機づけのモデルを紹介する。

1　マズローの欲求段階説（Abraham H. Maslow）

人間がもつ欲求を5つの段階に分類して、低いレベルの欲求が満たされると、より高次元の欲求が出てくるとした。また、あるレベルの欲求が満足すると、それより上のレベルでの欲求を満たすことが動機づけとなるとした。5つの欲求段階は以下のとおりである。

① 生理的欲求（Physiological Needs）
② 生命や生活の安全を確保したい欲求（Safety Needs）
③ 愛し愛されたい、何かに帰属したい欲求（Belonging Needs）
④ 尊敬されたいという欲求（Esteem Need）
⑤ 自己実現への欲求（Self-actualization）

欠乏しているものを満たそうという低次元な欲求（Deficit）から、次第にどうありたいか（Being）という高次元な欲求に向かうという考え方である。この場合、すでに尊敬されたいというレベル4の段階の欲求をもつ人に対して賃金などの労働条件の向上をしても、動機づけとはなりにくいということになる。

2　マグレガーのXY理論（Douglas M. McGregor）

マグレガーは、まったく異なった人間観に基づく、2つのモチベーション論を比較した。

表5-2

理論	人間観	モチベーションスタイル
X理論	性悪説（人間は怠け者）	命令、強制、監視、アメとムチ
Y理論	性善説（人間は働き者）	目標設定、経営参加、自己統制、誘因

マグレガーは過去の経営スタイルは主にX理論に代表されるとし、旧来のいわゆるアメとムチ的な管理からの脱却を図り、それを越えるY理論に基づいたマネジメントを提唱した。

3　ハーツバーグの動機づけ-衛生理論（Frederick Herzberg）

人が動機づけられるにはさまざまな要素があるが、その中でも「動機づけ要因」となるものと、不満を引き起こす「衛生要因」となるものがある。たとえば、給与などの金銭的な要素は「不満の原因」にはなるが、動機づけにはならない。

- 満足を引き起こす要因
  達成、承認、仕事そのもの、責任
- 不満を引き起こす要因
  会社の経営、監督、監督者との関係、作業条件、給与
- 満足も不満も引き起こす要因
  昇進、成長

この理論によれば、動機づけの要因は金銭ではなく、達成度や仕事上で自分が認められていることや、仕事そのものである。反対に、給与などをいくら改善しても、不満は少なくなるが、動機づけにはならないと言われている。

4　ブルームの期待理論（V. H. Vroom）

「人間は期待価値を最大にするような結果を予想して行動し、そのことによって満足を得る」という仮説を立てたうえで、どの人間にも有効な画一的な動機づけの方法はなく、個々人によって異なるとした。そのうえで、以下のようなモチベーション論を展開した。

> モチベーションの強さ＝自分の努力が成果に結びつくか×
> 成果によって報酬が得られるか×
> その報酬が自分にとって魅力的であるか

この場合の報酬には、金銭だけでなく、達成感などの非金銭的なものも含まれる。

以上、4つの代表的なモチベーション理論を見てきたが、一言で集約すると以下のことが言える。

> 人のモチベーションというものは複雑であり、さまざまな解釈やモデルの提示はできるが、万人に使えるモチベーションのツールは存在しない。

この認識をもつことがまずは必要である。では、まったく理論やモデルは必要ないかと言うとそうではない。さまざまな文献などを通じてモデルを知ることによって、自分の現場に照らし合わせて、「部分的に」また「一時的に」使うことができる。そして、成功や失敗を繰り返して学習し、自分のものにしていくことが現実的である。この学習のサイクルが、実はモチベーションの最も根源的なツールである。

5.3.3　チームビルディング

チームとは、ある目的を共有し、構成員がお互いに協調することによっ

て、その目的を達成するために協調的に行動する人の集まりである。いくら個々の人材のモチベーションが高いと言っても、ばらばらに活動していてはプロジェクトの成功はままならない。プロジェクトが始まった段階では、プロジェクトの投入の1つであった人材が、プロジェクトを通じて「グループ」から、より協調的な「チーム」にまで成長する。その過程をマネジメントすることがチームビルディングである。

　まず理解するべきことは、「すべての個人に個性がある」ということである。このことを理解していない人も多く、自分と価値観が同じか違うかで、合う合わないを判断し、コミュニケーションを絶ってしまう残念なケースがある。世の中は、性、年齢、国、言語などを異にするさまざまな人間がいる。いろいろな人間がいるからこそ、この世の中は成り立っている。男だけでも女だけでも世界はまわらない。また、数字に強い人、文章力がある人などなど、いろいろいるから総合力として個々人以上の力が出せるのだ。人と人が働くときに以下のことを考えてほしい。

$$1+1<2\cdots\text{これは対立している状態}$$
$$1+1=2\cdots\text{これはばらばらで仕事をしている状態}$$
$$1+1>2\cdots\text{これはチームとして協働している状態}$$

　上記の中で、チームビルディングが目指しているのは、「1+1＞2」の状況をどうつくるかである。まずその前段として、個々人のモチベーションがある程度高いことが必須である。個々人のモチベーションの高め方については前節を参照していただきたい。

　個々人をグループからチームに成熟させるためには、以下の手順で進める。

1　個々人の個性を知る
2　自分の個性を知る
3　個々人別の対応を考える
4　「組み合わせ」を考える

5 「組み合わせ」を実行する
6 チームとしての成熟度を測る

1 個々人の個性を知る

個々人の個性を知るには、タイプ別診断が有効である。人間のタイプ化にはさまざまな理論がある。外向・内向といった簡単なものもあるし、また10以上に分かれたタイプもある。ここでは4つの代表的なタイプを、『熱いビジネスチームをつくる4つのタイプ』（鈴木義幸著、2002年）から紹介しよう。

表 5-3

タイプ	特徴
コントローラー （しきり屋・ボス）	行動的、決断力あり、支配的、人間関係より仕事優先、起業家タイプ。
アナライザー （分析・批評屋）	行動は慎重、計画するのが好き、客観的、冷静、粘り強い、人や物でなく知識に執着する、理解力や洞察力が高い。
サポーター （支援者・執事）	温かく穏やか、人の援助を好む、決断に時間がかかる、直感力がある、感情に基づいて判断する。
プロモーター （発起人、促進）	アイディアが豊富、エネルギッシュ、計画を立てるのは苦手、順応性が高い。

以上のタイプを見て、今のプロジェクトメンバーに当てはめてほしい。うなずける部分もあるのではないか。診断方法には、観察によるもの、ペーパーテストによるもの、面談方式によるものなどあるが、時間と予算に応じて使い分ける。ペーパーテストの場合、上記のタイプの特徴を並べて具体的な行動パターンにする。それをランダムに並べ換え、その行為への同意の強弱を1から5の点数でつけていく。

留意点がある。

① 1つのタイプに完全に当てはまる人は稀で、どれかの部分をいくつかもっている人がほとんどである。

② 仕事で見せる顔とプライベートの顔が違う場合や、あるタイプを演じている場合もある。
③ ペーパーテストで診断した場合に、タイプのほとんどすべてマイナス（つまり何でもない）という人もいるし、またすべてがプラス（何でもあり）という人もいる。その場合は本人のやる気を見る必要がある一方で、その人なりのタイプというものを考える必要がある。
④ 大まかな傾向は変わらない、日によってタイプに変化がある場合もある。

このような留意点はあるが、このタイプ別を知ることによって、まず通り一遍のマネジメントスタイルでは通用しないことを認識してほしい。

2　自分の個性を知る

次に自分の個性も知る必要がある。テープレコーダーで自分の声を聞いたり、鏡に映った自分を見て、「あれ？」と思うことはないだろうか。一般的に、人は自分をよく見る傾向があるし、自分の評価は概して甘い。そこで、そのような思い込みを避けるために、自分の個性を知るために簡単な自己ペーパーテストを受けたり、身内や友人に自分のタイプについて聞いてみたりするのもよい。

3　個々人別の対応を考える

相手に応じてタイプ別に対応を変える必要がある。

自分のタイプも認識したうえで、タイプ毎に接し方や対応を変える必要がある。ステレオタイプに、相手があるタイプだからいつもこう対応するというものであってはならない。

表 5-4

タイプ	対人関係の特徴	対処方法
コントローラー (しきり屋・ボス)	やさしい感情を表すのは苦手。自分以外の人間は弱く、だまされやすい存在と思っている。自分の弱さを見せないようにするために相手を責める傾向がある。	速いスピードで挑む。目標に焦点を当てる。相手をコントロールしない。率直に話す。外側の攻撃性に惑わされない。
アナライザー (分析・批評屋)	頑固、まじめと言われる。傍観者に徹する。孤立しても苦にならない。対人関係も慎重。	彼らのペースを尊重する。外面で判断しない。指示は理論的に説明する。大きな変化を好まないことを留意する。
サポーター (支援者・執事)	他者の気持ちに敏感。親密な関係を築く。期待に応えるように行動する。人の拒絶を過度に避ける。ノーと言えない。	時にはノーと断ることを提案する。話している言葉以外の情報に注意を向ける。やっていることを認めてあげる。提案、要求をさせる。
プロモーター (発起人、促進)	一緒にいて楽しい。自惚れ屋でお調子もの。話の展開が速い。規則や慣習にとらわれないのでまわりと衝突することもある。	やり方を押しつけない。人に任せることを学ばせる。問題の最重要点に意識を向かせる。問題は理論的に指摘する。否定的なアプローチはしない。

4 「組み合わせ」を考える

さらに、チームとしての「組み合わせ」を考える。組み合わせとは、タイプのばらばらなメンバーの凸と凹を1つにする組み合わせである。もしチームのすべてがコントローラーだらけで、それぞれが相手をコントロールし始めれば、チームにならず、ばらばらな状態になる。これはほかのタイプが集合した場合も同様である。いろいろなタイプが集まってこそ真のチームとなるのだ。プロジェクトメンバーが4つのタイプをすべてもつような状態にすることを目指す。

5 「組み合わせ」を実行する

日々の仕事でパートナーを組ませる場合に、プロジェクトメンバーの中で、コントローラータイプの人間にはコントローラー的・ボス的な機能をもたせるようにし、サポーター的な支援をする人材をつける。また一方で、推進力となるプロモーターとブレーキとなるアナライザーの両

方の機能をもたすことも意識する。このようにして、プロジェクトメンバーが4つのタイプをすべてもつような状態にすることを目指す。

もし、機能的に足りない部分があれば、プロジェクトマネジャーとして、その部分を日々のマネジメントで担う必要がある。プロジェクトマネジャーだからといって必ずしもコントローラータイプを演じることはない。サポーターとして支援することもできるだろうし、またはアナライザーとして物事を論理的に分析し、全体的なブレーキをかけることもできるだろう。

6 チームとしての成熟度を測る

最終的には、全体的なチームとしてどうあるべきなのかということを考えて、個人からグループへ、グループからチームへと成長させていくことが重要である。その際に、チームとしてどれだけ成熟しているか、それを日々確認して意識していくことが重要である。

チームの成熟度を測る視点としては以下のようなものがあげられる。

① 組織的問題や目標への関心
② 他メンバーの問題への関心
③ 仕事以外でのコミュニケーション

実際にこれらを測るためには、ミーティングなどで全員がどのような話し方をしているか、日々のコミュニケーションの仕方などを見る。日々のミーティングや、報告会などで、自分の話だけで終わっていないか、ほかの者が困難に陥ったときに助け合いが行なわれたか、ということをいつも注視しながら見ていく。

そして、大切なのは、「動機づけ」の節でも述べたように、トライアンドエラーと学習という考え方である。グループからチームに成長するのは1日2日ではできない。さらに、人間関係はちょっとしたことで大きな変化を起こすダイナミックな面をもっている。よって、長期的な視点に立って、急がずに振り返りながら、チームづくりを進めていくとい

う姿勢が効果的である。

リーダーシップに関して簡単に触れておく。プロジェクトの方向性を明確に示し、人をリードしていくのが、プロジェクトのリーダーシップである。リーダーシップ論は大きく見て、以下のように発展してきた。

① 特性理論：リーダーといわれる人々の特性や性格を明らかにする
② 行動理論：リーダーの行動について研究し、模範的行動をさぐる
③ 状況理論：状況によってリーダーの行動が変わることを研究する

ここで一番新しい状況理論では、リーダーとはもって生まれた資質（特性理論）や特定の行動（行動理論）ではなく、状況に応じてさまざまなリーダーシップをとっているということである。これまでに読者の方々がかかわったリーダーにもさまざまな性格や行動パターンがあることに気がつくだろう。

現代では、マネジャーが引っ張っていくというよりも、チームビルディングの中にあるように、さまざまなタイプの人間を集めて、リードではなく、ファシリテート（促進）しながら進めていくことが経営の主流となっている。

場合によってはリーダーシップを発揮するのはプロジェクトマネジャーでなくとも、プロジェクトメンバーのよりふさわしい人材に発揮してもらい、マネジャーはその推進力を使って、支援者に徹しながら、プロジェクトを成功に導いたとしても問題ない。

5.4 モニタリング

プロジェクト実施体制ができてプロジェクトが実施される。プロジェクトの実施プロセスには必ずと言っていいほど問題が発生する。プロジェクトの進捗具合を見て、プロジェクトに何か問題は起きていないか、早期に発見し対応することが肝心である。モニタリングとは、監視するとか観察

するとか「見る」という意味であるが、プロジェクトのモニタリングは、監視することから、さらには問題を早期に発見し、かつ対応するための活動すべてを含む。

ここでは、まずモニタリングの基本的な考え方を紹介し、次にモニタリングを可能にする仕組みづくりの話をしてから、その内容となるコミュニケーション、そして変更が起こったときの対応(変更管理)について述べる。

5.4.1 モニタリング・サイクル

モニタリングには以下のようなモニタリング・サイクルが必要である。

```
1  現状把握　　：何が起きているのか（進捗の遅れや問題はないか）
2  原因分析　　：なぜ進捗の遅れや問題が起きたのか（原因は何か）
3  対応と改善：どうすれば原因を取り除けるか（計画変更は必要か）
```

1　現状把握

プロジェクトの進捗状況を知るためには、当初計画と実績との差分の分析を行なう。ここで言う計画はログフレームと活動計画表である。ログフレームにはプロジェクトの投入、活動、成果、プロジェクト目標、上位目標が明記されており、それぞれが縦の論理でつながっている。また、活動計画表にはブレークダウンされた活動が時系列に並んでいる。それぞれの達成状況を見ることがモニタリングの出発点だ。

ただし、これを漫然と見ているだけではモニタリングにならない。ポイントを押さえることが重要である。通常、最初からプロジェクト目標が達成されることはなく、投入がなされて、活動が行なわれ、ある程度の段階で成果が出てきて、最終的にプロジェクト目標につながる。プロジェクト計画が「顕在化」されるタイミングというものはそれぞれ違うのである。

モニタリングも最初に目を向けるのはログフレームで言うところの投入部分であり、次に活動である。プロジェクトが進んでいくにつれて、

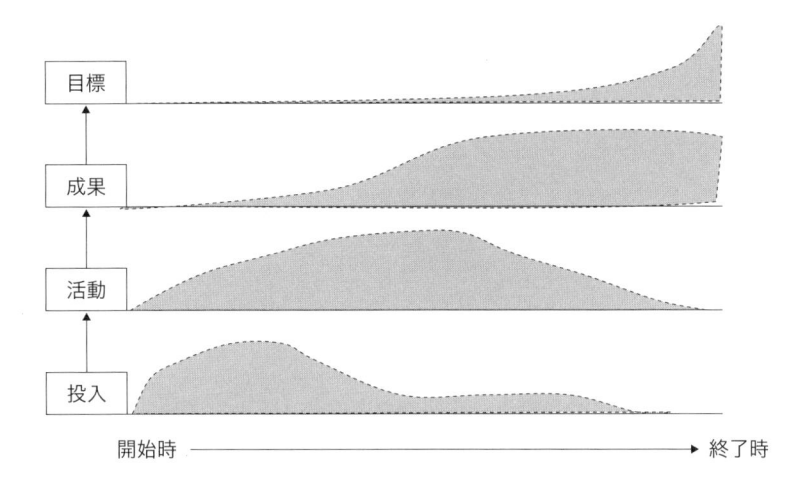

図 5-5　計画の顕在化のタイミングのずれ

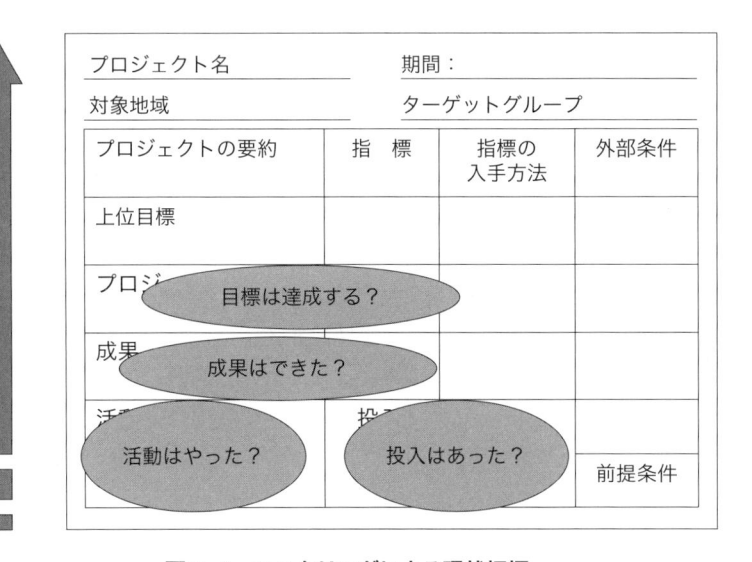

図 5-6　モニタリングによる現状把握

活動による細かい成果品が出てきて、その後ログフレームに示される大きな成果に到達する。この時期は、モニタリングも活動の成果物（これは活動計画表に基づく）や成果レベルに意識を上げなければならない。さらに、プロジェクト終了時が近づいてくれば、プロジェクト目標にモニタリングの意識を上げる必要がある。

留意点として、問題が起こった場合、その問題は何かを把握する必要がある。つまり、プロジェクトの諸目標にどう影響するかという視点である。これも下から上の考え方でよい。問題だと思っていても、プロジェクトの目標への影響という面からよく考えると、実は大きな問題でなかったという場合も多い。

2　原因分析

現状把握の結果、何か問題が起きた、または進捗状況が遅れているということが判明したとする。対処方法を考える前に原因分析をしなければならないわけだが、そのときは、基本的にはログフレームのロジックを意識して原因分析する。

たとえば、ある成果が達成できていないということがわかれば、その原因は、その成果に関する活動が「遅れている」か「間違っているか」か「足りない」ということが考えられる。ログフレームの中で、活動は成果の下にあるので、そこをチェックする。さらに活動が問題だとわかったら、今度はログフレームのロジックにしたがい、活動に関連する投入を調べる。また、成果に関する外部条件も原因になっている場合がある。その外部条件もログフレームの成果の右下に位置する。このように、モニタリングにおける分析は、視点を下へ下へと下げていく。

ログフレームだけで原因が判明することはないかもしれない。その際には、ログフレームを中心に構築されたほかの計画書類（活動計画表や実施体制図）などを見て、どこに問題があったのか分析する。

3　対応と改善

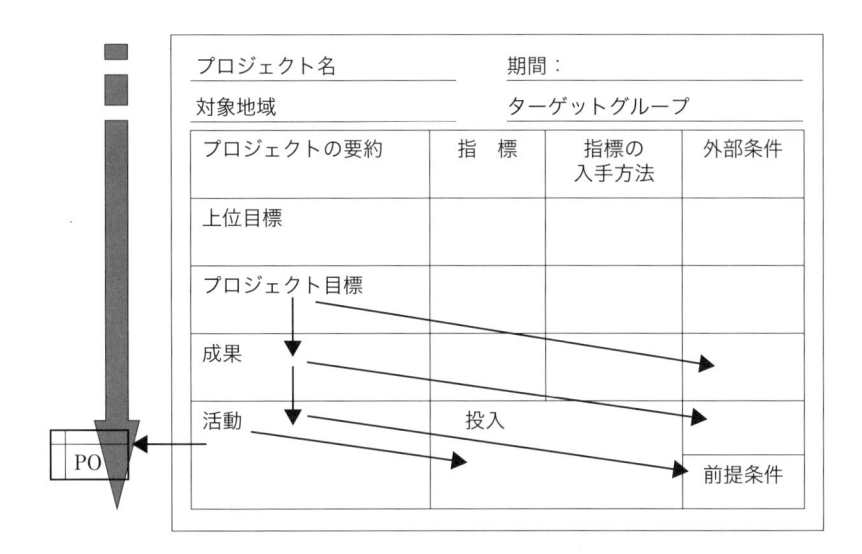

プロジェクト名		期間：	
対象地域		ターゲットグループ	
プロジェクトの要約	指　標	指標の入手方法	外部条件
上位目標			
プロジェクト目標			
成果			
活動	投入		
			前提条件

PO

図5-7　モニタリングにおける原因分析の視点

　問題の原因がわかったら、次に問題解決するための対応を考える。問題解決とは、今起きている悪い状況の進行を止めたり、原因を取り除いたりすれば解決ということではない。問題が起きれば、それだけプロジェクトの進捗や関係者の利益に損害を与える。それを元の計画時の状態まで回復しなければ、十分に対応したとは言えない。この回復を目指すために、現状把握や原因分析において、ログフレームなどの計画表を用いたのである。対応においても、計画に基づく対応をすることが基本である。

　現状把握が下から上に移動する視点、原因分析が上から下に移動する視点だとすれば、対応と改善は、上からと下からの両方の視点が必要である。また全体を見る360度の視点が必要である。たとえば、ある成果が達成されないとして、その原因がある活動が足りないことにあったとする。まず、果たしてこの新しい活動を追加することで本当に成果が達成されるかどうかを考えなければならない（下から上の視点）。次に、

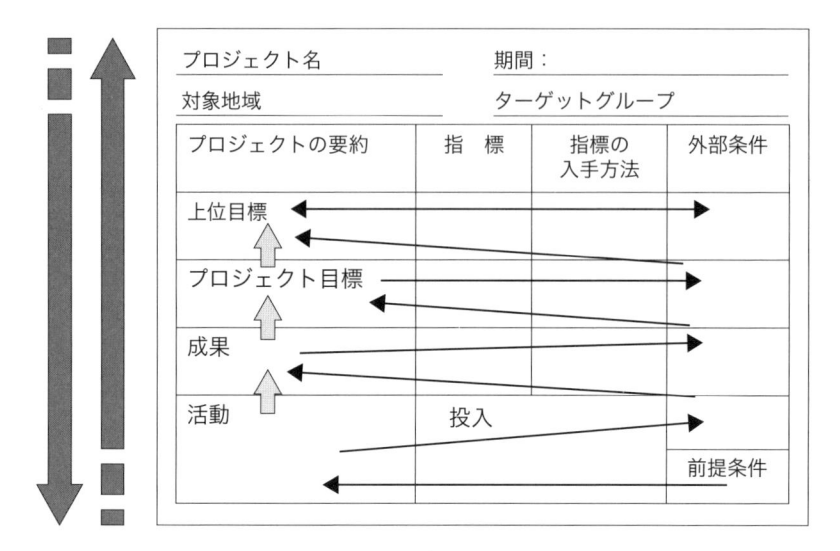

図5-8　モニタリングにおける対応の視点

　新しい活動が増えたことによる投入の増加は果たして今の予算規模からいって許されるかどうかを考える（上から下の視点）。さらに、他の活動とのかかわりや外部条件の変化など、さまざまな影響を考えて対応策を練ることが重要だ（360度の視点）。

　いろいろ視点はあるが、最大のポイントは、「プロジェクト目標にどうつながるか」という基本となる視点はアンカーとして忘れないでいたい。また対応がなされた場合に、ログフレームの変更が必要な場合がある。その場合は、時期を見て、しっかりとログフレームの変更を行ない、修正記録を残す。

5.4.2　モニタリング・システム

　モニタリング・システムとは、モニタリングをするための仕組みである。プロジェクトの実施体制と同様に、既存の体制を活かしてモニタリング・システムを設立する必要がある。

モニタリング・システムと言うと難しく聞こえるが、日々の日報や月報を提出し、上司がチェックし、助言を与えるというのも立派なモニタリング・システムであるし、プロジェクトのメンバーが毎週末にミーティングして、問題を話し合い、解決策を出すというのも、モニタリング・システムである。

ただし、会議を開けばそれでいいというものではない。たとえば、会議でもだらだらとした話を一握りの参加者が話していて、あとの者は違うことを考えていて、結局、何も決まらないという無駄な会議は誰もが経験しているところである。モニタリング・システムを本当に機能させるためにはそれなりの工夫が必要である。

モニタリング・システムは以下の手順で構築する。

> 1　モニタリングのための関係者分析を行なう
> 2　モニタリングの目的を明確化する
> 3　モニタリング・システムを作成する
> 4　モニタリング・システムを試行する
> 5　モニタリング・システムを改善する

1　モニタリングのための関係者分析を行なう

人間は他者からモニタリングされることを通常は好まない。ある日突然、知らない人から「昨日はトイレに何回行きましたか」と聞かれても誰も答えないだろう。だが、病院で同じ質問を医者から聞かれたのであれば素直に答える。人にはそれぞれ情報を出すだけの理由またはニーズがあるのだ。そのニーズは人それぞれである。そして多くの場合、ほしい情報は1箇所に集まってはおらず、多数の関係者の間に散在している。まずその点を確認する必要がある。

そこで本書では、立ち上げプロセスで紹介した関係者分析を用いる。ここでは、関係者分析の詳細分析のみを行なう。詳細分析の分析項目は以下のようにする。

表 5-5

分析項目	内容
関係者（グループ）名	関係者（グループ）の名前
ほしい情報	プロジェクトに直接間接的に関係することで、どのような情報を欲しているか。
もっている情報	プロジェクトに直接的・間接的に関係することで、どのような情報をもっているのか。
コミュニケーション手段	どのような手段でモニタリングできるのか。文書、口頭、Ｅメールなど。
モニタリング上の問題（または利点）	モニタリングをするうえで何か問題となることはないか（または利点はないか）例：識字率が低い。住民同士の家がかなり遠いなど。
モニタリング活動への期待	どのような利益をモニタリング活動から得られると期待しているのか。

　これを表にしてみると、それぞれの関係者がばらばらなニーズをもっていることに愕然とするであろう。たとえば農村開発のプロジェクトなどでは、農民の年収の変化を知りたいのはプロジェクト実施者や財政支援者だが、当の農民は、このプロジェクトでどんな資材が、誰に、いつ提供されるのかを知りたがっている。このようなギャップがあることを無視してプロジェクト実施者に都合のよいシステムをつくると、モニタリングは破綻する。まず現状をありのままに認識することが前提である。

2　モニタリングの目的を明確化する

　モニタリングにも目的思考が必要である。漠然と情報だけを集めるモニタリングは百害あって一利なしである。まずは、なぜモニタリング・システムが必要か考える。もしモニタリングをしなくてもプロジェクトがうまくいくのであれば、モニタリングは必要ない。

　関係者分析の結果から、なぜモニタリング・システムを必要としているのかを明確にし、モニタリング・システムが達成しなければならない目的を設定することが重要である。目的はなるべく絞る必要がある。モニタリングの目的が十分に絞り込まれていないと、時間と経費の無駄になる。

モニタリングの目的はプロジェクトの時期によっても変化する。たとえば、プロジェクト開始当初は、プロジェクトは活動を行なっている段階にあり、モニタリング・システムに期待される機能は、プロジェクト活動の進捗把握に関するものであろう。この段階で農民の生活向上にどれだけ貢献しているかというインパクトのモニタリングをしても時期尚早である。

ただし、農民の生活レベルをプロジェクトの前と後で比較する場合は、プロジェクト開始前のベースラインとして情報をとる必要がある。その場合は、ベースライン調査ということでプロジェクトの活動として実施する。

3　モニタリング・システムを作成する

上記のモニタリング方針を実践向けに具体化したモニタリング・システムをつくる。まずモニタリングの対象にするべきは、ログフレームの指標と活動計画表である。これらを並べてみて、それぞれについて、いつ、どこで、誰が、どういう頻度でどういう情報を集めるかを設定する。

モニタリング・システムが、システムとして機能するためには、以下の5つの機能を有することが必要である。

① 情報の収集：現場に散在している情報を集める
② 情報の集約：多くの情報をデータとしてまとめる
③ 情報の分析：データを分析し使える情報にする
④ 情報の判断：情報から状況を判断し改善策を考える
⑤ 情報の伝達：改善策を伝達し、改善した結果をフィードバックする

よくある無駄な会議というのは、形だけは整っていても上記の機能が実際には働いていない。ある一部の参加者だけが話していることで情報が偏っており、また情報が垂れ流されるだけで、集約も分析もできていない。そして一部の参加者の決定で判断がなされ、またその結果がフィードバック（伝達）されない。またこれもよくあることだが、モニ

表5-6 モニタリング・システム（例）

プロジェクトの要約	指標	入手手段	データ収集			集約				判断・決定		判断・決定者からの伝達	
			収集者	時期頻度	収集方法	集約者	時期頻度	集約方法	判断決定者	時期頻度	時期	伝達方法

プロジェクトの要約	指標	入手手段	収集者	時期頻度	収集方法	集約者	時期頻度	集約方法	判断決定者	時期頻度	時期	伝達方法
プロジェクト目標 稲作農民の農業収入が向上する	2008年までに、XX地区の稲作農民の70%が、2004年と比較して40%以上の収入増加になっている	農業協同組合による農村収入調査 プロジェクトによる裏づけ調査	プロジェクト調整員農業普及員	6カ月毎 6カ月毎	農協の農村収入調査記録参照 サンプリング調査	プロジェクト調整員	6カ月毎	集約	プロジェクト合同運営委員会	6カ月毎	6カ月毎の合同運営委員会終了後	合同運営委員会の最初のプロジェクト定例会議にて口頭伝達
成果1 米の収穫高が増加している	2007年までに、XX地区の稲作農民の、アクラ米の収穫高が、2004年と比較して50%以上、増加している	農業協同組合による稲作収穫高調査 プロジェクトによる裏づけ調査	プロジェクト調整員農業普及員	6カ月毎 6カ月毎	農協の稲作収穫調査記録参照 サンプリング調査	営農専門家	6カ月毎	集計表にまとめ、プロジェクトマネジャーに提出	プロジェクト合同運営委員会	6カ月毎	6カ月毎の合同運営委員会終了後	合同運営委員会の最初のプロジェクト定例会議にて口頭伝達
成果2 略												

タリングと称して質問用紙を配り、収集し、分析して、判断や結果についての最終的なフィードバックがなければ、システムとしては成り立っていない。

　以下にモニタリング・システムの例を示す。留意点としては、モニタリングの内容ややり方はプロジェクトの内容や規模によって大きく異なるため、例に示したような様式にこだわる必要はないということである。要は、上記で述べた5つの機能が満たされたシステムになっていれば、それぞれのプロジェクトの実情に合わせたフォーマットを工夫すればよいということである。

4　モニタリング・システムを試行する

　モニタリング・システムができた段階で、すぐに使ってみる。ほとんどのプロジェクトが実施していると思うが、毎週のチームメンバー・ミーティングを考えてみたい。ミーティングに寄せられた情報はモニタリング・システムで想定した情報の流れに乗っているだろうか。何か必要な情報やプロセスは抜けていなだろうか。

5　モニタリング・システムを改善する

　モニタリング・システムにも PDCA の改善サイクルが必要である。たとえば、何か問題が起きていたにもかかわらず、毎週や毎月の定例ミーティングでその情報が出てきていないということがあったら、モニタリング・システムを改良してそれらの情報を取り込めるようにする。またはおざなりの情報、あってもなくてもいいような情報しか出てこないような会議は廃止する。さらに、プロジェクトが進むにつれて、投入や活動といった段階から、成果品のでき具合や対象住民の生活向上といったインパクトに視点が移行してくるため、適宜モニタリング・システムを改善・刷新していくことが重要である。その際にも、モニタリング・システムの5つの機能の考え方は肝に銘じていたい。

5.4.3 コミュニケーション

プロジェクトでモニタリング・システムという枠をつくっていても、その中で行なわれるコミュニケーションがしっかりとしていなければモニタリングは進まない。

コミュニケーションとは、送信側から受信側への情報の伝達と交換である。伝達とは送信側の意図がそのまま受信側に伝わっていることである。「あれだけ言っているのにあの人はわかってくれない」という状態は、コミュニケーションが成立していない。相手を非難したくもなるが、コミュニケーションという視点から考えると、その原因は送信側と受信側の双方にある。

農業のマニュアルを農民に配ったはいいが、字が読める農民がほとんどいないという笑い話のようなことは現実に起こっている。また、字が読めたとしても、農民（受信側）に情報に対するニーズや受け手としての意識がなければ、マニュアルの内容は伝達されないので、コミュニケーションは失敗ということになる。

モニタリングにおけるコミュニケーション・ツールには、以下のようなものがある。

1. 具体的事例
2. 活動―行動
3. 口頭
4. 写真
5. 文字、文書
6. 電子メール
7. 会議
8. セミナー等のイベント
9. PMIS／EVM
10. 広告・広報

1　具体的事例

　最もインパクトのあるコミュニケーション方法は、具体的な事例を目に見える近くにつくり出すことである。農業プロジェクトでいう展示圃場（デモファーム）などは、文字の読めない、想像力の乏しい村民に対して、自分の畑で何がつくれるかを一番インパクトのある形で示すことができる。

2　活動－行動

　活動というのは行動ということであり、これもたとえば、村でどのように作づけをするのかといったときに、指導者が実際に目の前で行動してみせることは、口頭で説明するよりも正確に伝わる。

3　映像、写真

　千の言葉よりも1枚の写真が多くを語ると言われるように、何かを見るというのは大きなインパクトがある。また動画という形であれば、より鮮明に記憶に残る。

4　口頭

　人間が最も頻繁に行なっているコミュニケーション手段である。簡易なコミュニケーション手段であるが、正確に伝わっているかどうかを確認することは難しい。

5　文字、文書

　文字が読めれば、1つの送信側から多くの受信側に伝えることができ、安価で、かつ保存が利くという点で優れている。

6　電子メール、コンピュータベースの文章

　電子メールは最近最も利用されているコミュニケーション手段である。また添付資料として、さまざまな情報を付加することができる。

7　PMIS／EVM

コンピュータベースでモニタリングに特化したソフトウェアもある。PMIS とは Project Management Information System の略で、それらのソフトウェアを利用したコンピュータ上のモニタリングのシステムである。最近は EVM（Earned Value Management）という、工程の進捗と経費の消費度の2つを統合してプロジェクトの進捗度を分析・推定する手法の利用が伸びてきている。

8　会議

会議はもっともオーソドックスな多対多のコミュニケーション手段である。多くの参加者に同時に情報を伝達することができ、また同時に情報交換や判断などもダイナミックに行なうことができるため、モニタリングには必須のツールである。ただし、使い方を間違えると、時間の無駄や危険な判断をしてしまう。

9　セミナー等のイベント

こちらも多対多の形式であるが、会議に比べると情報の伝達に特化しており、情報交換という部分は低くなる。一方、会議に比べると、プログラム化されているために、送信側の意図どおりに進行できる利点がある。

10　広報・広告

広告は非常に多数の受信側に対して一斉に情報を発信するコミュニケーション方法である。ただし、それが受信側にどれだけ届いているかという点で、なかなか確認がとれない。インターネットによる広報であれば、カウンターなどである程度確認できる。情報の交換はできない。

このようにさまざまなコミュニケーション・ツールがある中で、状況に応じてツールを選択しなければならないわけだが、その際にやはり重要なのは、これがコミュニケーションとして成立しているかということである。

そのためには、ツールを選択する際に、情報の関係者分析で判明した、関係者それぞれが求める情報伝達手段を選ぶことが必要である。企業では、多数の顧客との良好な関係づくりを目指すカスタマー・リレーションシップ・マネージメント（CRM）が盛んであるが、プロジェクトのモニタリングもすべてのステークホルダーとの良好な関係づくりが必須であり、そのためには適格なコミュニケーション選びが重要な要素となってくる。

5.4.4 変更管理（紙のログフレーム、心のログフレーム）

プロジェクトは、日々のモニタリング活動を通じて、細かい変更を余儀なくされる。たとえば、3日後に予定していた相手側との会議が相手の都合でお流れになり、その結果、ほかの活動に大きく影響することもある。まして、プロジェクト実施者以外のスケジュールをプロジェクトの都合で左右することはできない。

では、そのような細かい変更が起きた場合に計画を練り直す必要があるのだろうか。理論上は、PDCAサイクルの観点から、活動の変更を計画に反映しながらマネジメントするというのが基本である。しかし実際は、細かい変更をいちいち計画変更として反映させていると、修正作業の山にうずもれていくだけである。

実践的な変更管理は以下のように行なう。

1　変更の影響の把握
2　心のログフレームの変更
3　心のログフレームと紙のログフレームの差異の把握
4　紙のログフレーム（計画）への反映
5　変更の承認

1　変更の影響の把握

モニタリングの結果を反映して、部分的な活動変更が行なわれた。その際、どこがどう変わったのか、その変更が計画のどこに影響するのか

を把握することが重要である。場合によっては、ログフレームや活動計画表に現れない程度の変更かもしれない。たとえば、コミュニケーションの促進のために日々の挨拶を奨励するという程度では活動計画表の修正にはならない。反対に、新しい活動項目を増やしたとすれば、それは活動計画表の変更、さらにログフレームの活動の変更になるかもしれない。微妙なのは、ある活動項目の「内容」を変更した場合である。活動項目自体は変更していないが、内容が変わったことで、もしかしたら投入なども増えているかもしれない。こういった影響をまずは把握する。

2　心のログフレームの変更

上記の変更をすぐにログフレームや活動計画上の変更に反映していたら、修正に次ぐ修正になり、計画に対する信頼感がなくなる。実践的には、これらの修正は紙上ではなく、まずはプロジェクトマネジャーの心の中で行なわれる。プロジェクトマネジャーは、心の中で、計画を集約化・分散化して、プロジェクトの全体像を把握しているため、現在行なわれている変更を、その心の中で変更したと認識しておく。

3　心のログフレームと紙のログフレームの差異の把握

いつかは心の中の計画変更をログフレームに反映することが必要であ

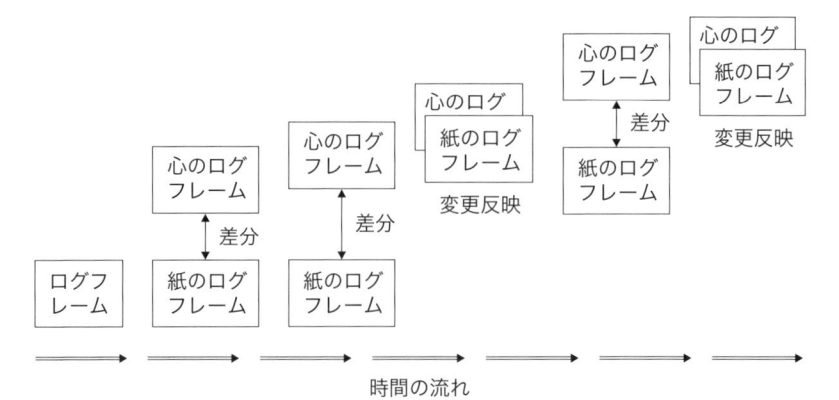

図5-9　差異と変更のタイミング

るが、その時期は、心のログフレームと紙のログフレームの差異がどこまで開いたかということで判断する。たとえば、紙のログフレームにはない新しい活動がすでに始められていて軌道に乗ってきていると判断された状態で、紙のログフレームを修正する時期と見る。あるいは、4半期ごととか、定期的な見直し時期を決めて修正することも実践的である。差異の把握と反映時期の見極めはプロジェクトマネジャーの判断による。

4　紙のログフレーム（計画）への反映

　心のログフレームを紙のログフレームに反映する。この作業は、できるだけプロジェクトの内部関係者全員を巻き込んで全員参加型で行なうことが好ましい。各メンバーの活動に責任感をもたせると同時に、目的意識を統一できる。大きな変更がある場合は、そこから始めて、活動計画表などの付属的な計画書の変更にいたる。その際、ログフレームや活動計画表には、新しいバージョンナンバーと変更日を明記する。

5　変更の承認

　紙のログフレーム変更が行なわれた段階で、関係機関、特に上部組織の承認を取りつける必要がある。承認のために説明資料やプレゼンテーションを行ない、上部組織からの支援を取りつけることも重要である。上部組織以外でも、変更に直接関連する関係者にも説明する。

5.5　改善活動

　改善活動とは、モニタリングにおける対応という部分的なものではなく、プロジェクト全体から見て根本的な問題を確認し、プロジェクト実施者が自主的にプロジェクトを正していく活動である。

　長期にわたるプロジェクトの場合、実施プロセスが長くなるほどマンネリ化が進み、生産性が落ちる。いろいろな問題が出ていても、中にいるプロジェクト実施者は気づかないことも多い。「プロジェクト内の常識、世間の非常識」という状況であっては、プロジェクトが最終的に大失敗とな

りかねない。そのような状況を避けるためには、一度第三者的な視点からプロジェクトをレビューし、改善を行なう必要がある。

一般のプロジェクトマネジメントにおいては、「評価」が第三者によって行なわれ、改善につながるとされているが、本書では、評価こそ内部者が積極的に実施し、改善活動として行動にするべきであるという考えから、この節をもうけた。

5.5.1 内部評価

いきなり改善に入るのではなく、まず何が問題かをしっかりと把握することが必要である。評価とは、1つまたは複数の評価の視点から、計画と実績を比較し、問題を把握し、解決策を提示する一連の活動である。本書では、続く終結プロセスにおいて評価の実施をすることになるが、評価は何も終結時にのみなされるものではない。プロジェクト内部による改善の際に、その指針を示すための評価もありうるのである。

モニタリングが単に計画と実績の比較による進捗の把握であるのに比べ、評価はその時々のテーマによって切り口が変わり、また深い洞察ができる。他者による評価結果を待っているのではなく、自主的に評価を行なうことによって、根本的な修正を早めに実施することが効果的な改善のためには必要だ。

評価の視点にはさまざまなものがあるが、本書では以下の5つの視点を評価の基本的な視点として紹介する。

① 妥当性（Relevance）：プロジェクトは現在でも意義のあるものか
② 有効性（Effectiveness）：プロジェクト目標は、プロジェクトにより達成できたか
③ 効率性（Efficiency）：プロジェクトは無駄なく実施されたか
④ インパクト（Impact）：プロジェクトが及ぼした正負の影響はあったか
⑤ 持続性／自立発展性（Sustainability）：プロジェクトの効果に持続性や発展性はあるか

評価は以下のような手順で行なう。

```
1  評価の目的やテーマを確認する
2  評価作業者と監督者を任命する
3  評価手法を検討する
4  評価を実施する
5  評価結果をフィードバックする
```

1　評価の目的やテーマを確認する

　評価にも目的意識が必要である。何のために評価するのか、誰が何を評価に求めているのか、そのニーズをしっかりと確認する。その目的は、評価活動全体に一貫していなければならない。

2　評価作業者と監督者を任命する

　評価作業者をプロジェクトメンバーの中から任命する。できれば評価などを一度は経験したスタッフがよい。また監督者を任命する。監督者は通常プロジェクトマネジャーである。ポイントは作業者と監督者を分けることで、作業の効率化を図る。

3　評価手法を検討する

　評価の目的とテーマに合わせて評価手法を検討する。詳しい評価手法については続く第6章「終結プロセス」を参照してほしい。ここで留意することは、内部評価なので、なるべく簡単に準備ができて、短時間で実行できるような評価手法を選択することである。たとえば、アンケート調査を中心に、補足的なインタビュー程度にとどめるのが現実的である。

4　評価を実施する

　評価作業者および監督者は、通常の業務をしながら一方で評価を実施することになるので、効率的に済ませる。期間を、たとえば3日間といった具合に決めて、その間に短時間で集中的に済ませてしまう方が、片手間

にするよりもよい。レポートを書く必要はあるが、要点のみでよい。

5 評価結果をフィードバックする

評価結果が出たら、関係者にフィードバックする。フィードバックの仕方は、会議でのプレゼンテーションのあとに簡単なレポートを配布するとよい。レポートには個人名などは出さないほうがよい。

5.5.2 改善活動

内部評価によってさまざまな問題点とその解決のための提言が出されたら、次に改善活動につなげる。改善活動は、内部評価にしたがい、以下の方法で進める。

1. 改善方針を検討する
2. 改善活動を実施する

1 改善方針を検討する

続く会議等で、内部評価の改善提案をプロジェクト全体の「改善方針」とするための検討を行なう。プロジェクトメンバーが多い場合には、大会議などで決めてしまうよりも、改善テーマ別に少ない関係者を集めて、面談、小さな会議、ワークショップなどによってボトムアップでつくり上げて、さらに課題などを議論したあとで、最終的に大きな会議で方針を打ち出す。この段階では方針でしかないので、具体的な細かい改善の仕方までは記載しなくてもよい。この段階では、プロジェクトの問題をメンバーそれぞれの問題として認識して、その方針にオーナーシップをもたせることが重要である。方針が確定した場合に上部組織への報告も忘れてはならない。

2 改善活動を実施する

決定された改善方針にしたがい、改善活動を検討し実行する。改善方

針には具体的な改善の方策が書いてあるわけではない。各人またはグループが、方針にしたがい、その時々のリソースや状況を見ながら、できるところから改善していく。改善活動は、抜本的な改革よりも、個々人が少しずつの改良を日々進めていくイメージに近い。

　進め方として、個人で行なう方法、小集団活動による方法、そして全員で行なう方法がある。個人で行なう改善は、主にその本人だけに問題原因があるものや、比較的小規模な改善で終わるものにする。小集団活動は、ある程度の規模をもった改善で、解決策がまだ十分に検討されていない場合に、プロジェクトメンバーの何人かで定期的に集まって、さまざまな改善活動を実施する。QCサークルなどの活動を参考にするとよい。全員で行なう改善とは、たとえば制度改正など、全員の合意が必要なもので実施する。

　改善活動はプロジェクトの主業務ではないが、PDCAの考え方で、少しずつでも漸進的に改善が実施されることをプロジェクトマネジャーが定期会議などで定期的にチェックし、活動を活性させることが有効である。

第6章

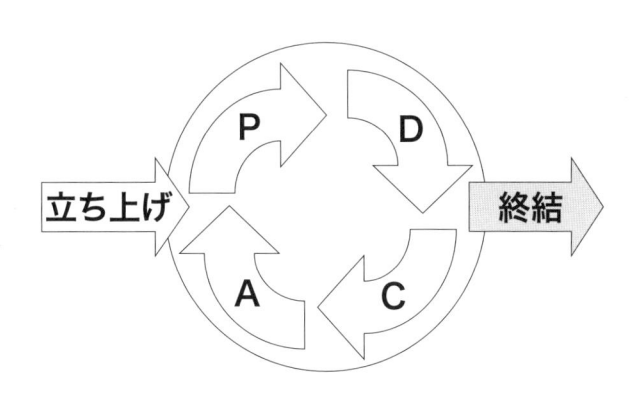

終　結

第6章 終結

6.1 終結プロセスの課題と心構え

プロジェクトが終わった。成功裏に終わったときは、苦労したプロジェクトであればあるほど、達成感と心地よい疲労感と、少しの寂しさとが入り混じった不思議な幸福感に包まれるものである。そして誰もいないプロジェクトオフィスの電気を切り、ドアの鍵を閉めて、さて、これから新しいプロジェクトに行くぞと歩き出したとたん、電話が鳴る。相手はクライアントだ。「このあいだのプロジェクト成果品、あれ使えないんですけど。ちょっと来てもらえませんか？」心臓が高鳴り、そのあと一気に気分が落ち込む……。

プロジェクトは有期のものであり、いつかは終わる。では、プロジェクトが「終わる」のはいつのことだろうか。契約上のプロジェクト期間が終了したときだろうか、成果品がすべてそろったときだろうか、それともクライアントあるいはターゲットグループがプロジェクトの完了を認識したときだろうか。プロジェクトが有期であると言いつつ、終結プロセスをしっかりと認識していないために、最後のさらにあとになって、すでに死んだはずのプロジェクトの亡霊につきまとわれることがある。そうならないためにも、プロジェクトはきっちりと終結させる必要がある。そのための活動が終結プロセスである。

6.1.1 プロジェクトの有期性と効果の持続性

プロジェクトは有期である。しかし、プロジェクトが生み出した成果物は、ステークホルダーによってプロジェクト終了後も利用される。プロジェクトが有期だからといって、成果物もプロジェクト終結と同時に効果がなくなってしまっては意味がない。ビルを建てるプロジェクトの場合に

は、ビルが建設完成後もメンテナンスをしながら、ビルとして機能している必要がある。もし1年で壊れてしまったら、メンテナンスの責任ではなく、建設プロジェクトの責任が問われる。社会開発プロジェクトでも、その中でつくられたさまざまな組織（たとえば農民協同組合）がプロジェクト終結後にすぐに活動をやめてしまったら、それは明らかにプロジェクトの失敗である。プロジェクトで生み出した成果、特に持続性が期待される成果については、プロジェクトの責任であり、その持続性を保つための工夫や仕組みづくりが終結プロセスには必要である。

6.1.2　終結プロセスは立ち上げから始まっている

持続性を高める工夫をプロジェクト終了時に始めても効果的ではない。たとえば、農協の強化を通じた農産物増産プロジェクトであれば、農協活動を持続させるために、農協の強化や普及員の育成を、プロジェクト終了を見越して、プロジェクトの開始時から始めなくてはならない。また、どの関係者にどのような技術移転をすることが持続性を高めるのかという点から考えれば、終結プロセスのことは立ち上げプロセスの時期から検討されているべきなのである。

6.1.3　プロジェクトの役割（後世のプロジェクトのために）

だれも自分の失敗を認めたくはない。プロジェクトも、「成功して終わった」と高らかに宣言したいものである。しかし、失敗したプロジェクトは多く存在する。しかし、失敗は成功よりも数々の貴重な経験を提供してくれるのである。われわれが他人の人生や他国の歴史から学ぶように、プロジェクトも先人が実施したプロジェクトから多くの教訓を学ぶことができる。よって、プロジェクトの役割として、失敗を隠さないことが必要である。終結プロセスにおいては、プロジェクトにおける失敗と成功をきちんと把握し、それを後世に伝えてはじめて、プロジェクトとしての役目を果たしたと言えよう。失敗には目を伏せて、「成功しました。問題はあ

りませんでした」というのでは、進歩がないし、粉飾決算以外の何ものでもない。

6.2　プロジェクト効果の持続

プロジェクトはさまざまな成果物を生み出す。ビルや商品などのような目に見えるものもあれば、農民組合やイベントなどのような見えないものもある。これらの成果がプロジェクト終了後も効果を持続することが要求されている場合には、終結プロセス以前に、そのための仕組みづくりをしなければならない。ここでは、そのためのビジョンづくりや人材・組織の育成について述べる。

6.2.1　持続性にかかるビジョンづくり

まず効果の持続が期待されている成果物を明確にする。そのうえで、プロジェクト終了後の効果持続の具体的なビジョンを描く。そのために有効なツールは、持続性をテーマにした関係者分析である。以下の手順で行なう。

```
1  プロジェクト終了後に効果の持続が意図される成果物をあげる
2  効果の持続に関連するステークホルダーをすべてあげる
3  ステークホルダーそれぞれの効果の持続に関する役割を示す
4  役割に対するステークホルダーのモチベーションの高さを示す
5  役割を果たすために不足しているものや問題などをあげる
```

具体的な手順については、立ち上げプロセスの関係者分析を参照してもらいたい。

関係者分析を終えた段階で、主要な関係者を中心に、プロジェクト終了後のビジョンを描く。この作業を参加型で行なうことにより、さまざまな意見を反映することができる。

6.2.2 人材の育成

関係者分析で、持続性を高めるうえで重要な役割を担うとされた人材に対して、プロジェクト終了後を意識した人材育成プログラムを設定する。人材育成プログラムは以下の3つのツールを用いて総合的に行なう必要がある。

1. 研修
2. OJT
3. 権限移譲

1　研修

まとまった知識を理論立てて理解するために利用する。理論と言っても座学で講義中心というのではかえって逆効果である。まずは問題意識と研修の目的を共有し、各セッションごとに課題を決めて、脳と体を働かせる演習を取り入れる。また、セッションごとに理解度をモニタリングすることも重要である。短期かつ集中的に3日程度を限度とする。また研修場所を通常のオフィスとは違ったところにすることで、研修に集中させることもできる。

2　OJT

OJT（On the Job Training）とは、具体的な作業を通じて、経験と実践的スキルを身につけさせる訓練である。これはトレーニングの一環であり、作業上の失敗は学習と認識する。またトレーニングであるから、しっかりとしたトレーナーをつけることが必要である。トレーニングとしての目的や問題意識の共有も欠かせない。OJT と称して、単に仕事をやらせているだけというケースも散見されるが、これではトレーニングではない。Other's Job Transfer。いわば責任転嫁でしかない。

3　権限移譲

OJTがトレーナーの監督のもとに行なわれるトレーニングであるのに対して、権限移譲は、本人に権限を移譲し、責任をもって、仕事として業務を遂行させることを意味する。この自己管理と責任をしっかりと自覚してもらう。無論、定期的なモニタリングは欠かせないが、問題が起きたときでも、すぐに解決策を提示せず、まずは自分で問題を解決させる。その際には、トレーナーやインストラクターといった指導者ではなく、コーチによるコーチングと呼ばれるアプローチをとることも有効である。コーチングとは、相手の中にある問題解決能力を引き出すアプローチである。コーチングのスキルを身につけるには一定の訓練が必要だが、「相手の話を聞く」、「相手の話を繰り返して確認する」、「違う見方や本来の目的について問いかける」など、ちょっとしたこちらの心がけで、相手に大きな気づきを与えることもある。

無論、以上の人材育成プログラムは、本人に持続性を維持する役割を担っていく意思があることを確認してから開始する。またプログラム実施にあたっては、モチベーションのところで述べたように、本人の長期的なキャリア開発プランとプログラムの内容を整合させることが重要である。

6.2.3 組織の育成

組織の育成も、人材育成と同様に、構成員の研修、OJT、権限移譲によって高めることができるが、個人の育成よりもより長期的な視点で進める必要がある。組織は短期間に飛躍的に育成されることはない。組織の成熟には以下のような段階がある。その段階ごとにあったツールを選択することが必要だ。

1. 混沌とした組織　：役割なども混沌とした不安定な状態
2. 実行する組織　　：命令されたことや与えられた計画を実行できる
3. 管理する組織　　：日々の定常的な運営管理や小さな問題を処理できる

4. 改善する組織　：自発的に問題点を発見して改善することができる
5. 発展する組織　：自らを振り返り、自ら改革を行なえる

よくある組織育成上の失敗は、レベル2の段階で、見た目には何とか組織として動いているために安心してしまうことである。レベル2の組織は、プロジェクト終了後、何か問題が起こったときに組織としての活動が停滞してしまうことが多い。つねに対象組織の成熟度を見極め、終結プロセスの最後までにレベル3以上の成熟度に到達させる必要がある。そのためのツールとして、以下のようなものがあげられる。

1. 集団活動
2. 規則・制度化
3. 研修
4. ワークショップ
5. 組織間交流
6. 権限移譲

1　集団活動

レベル1の混沌の段階にある組織に必要なのは集団活動である。これはチームビルディングの第1段階である。小さなことでよいので、何かをその集団で実施する。その際に一時的にリーダーを決めて、自主性をもたせて実行させる。次の活動ではリーダーを変えて、また実行させる。チームメンバーにさまざまな役割を経験させるのもよい。その繰り返しの中で、自然とリーダーやその他の役割が決まってくる。

2　規則・制度化

集団活動を通しておよその役割が決まってきた段階で、組織の基本的な規則や制度を決める。細かいところまできめる必要はないが、たとえば月に何回どういうミーティングを行なうのか、リーダーは誰か、財務は誰が管理するのかなどといったことを決める程度でもよい。

3　研修

　財務担当者が経験不足だと会計上の問題が起こる。日々の衝突など、グループならではの問題も起こる。こういった問題にどう対処するのか、リーダーはどう振る舞うべきかなど、組織として押さえておくべき知識やスキルがある。このような知識やスキルを得るためには研修が必要となる。

4　ワークショップ

　組織内で大きな問題が起こったときや、組織改編が必要となったときなどは、ワークショップが有効である。ワークショップでは、司会進行は第三者（外部者）にしてもらい、すべてのメンバーが対等な立場で意見を言えるような雰囲気づくりが大切である。状況によっては、リーダーは最初の1時間は発言しない、などといった配慮も必要かもしれない。

5　組織間交流

　同じような目的や役割をもった他の組織と交流を図ることも、組織が自分の問題に気づき改善するうえで有効である。同じような目的をもち、かつ自分の組織よりも高度な組織能力をもつ組織と人材交流や研修による積極的なかかわりをもつことを Twining という。

6　権限移譲

　目指すべきは自律的な組織である。そのためには権限を必要な時期に大胆に移譲し、自立をさせることが重要であろう。

6.2.4　定常業務への組み込み

　効果の持続のための活動がそれを担う人々の大きな負担になるようだと、活動を続けるのは難しくなる。その場合、持続するための活動を定常業務化することが必要である。一番効果的なのは、それを定常業務としてトップマネジメントに認識させ、その業務のための人員を配置することで

ある。資金的・人事的な制約などがあって難しい場合には、アウトソーシングするという手もある。あるいは、重要性の高い活動とそうでないものを厳しく選別し、なるべく担当者の負荷を下げたうえで、定常業務に組み込んでもらうことも1つである。

6.3 評価

プロジェクトは新規性の高い事業であり、その経験はあとに続くプロジェクトにとって大変貴重な情報となり、教訓となる。そのような経験を教訓として抽出するためには客観的な評価が必要となる。ここでは評価を、準備、実施、完了の3段階に分けて紹介する。

6.3.1 評価の準備

評価の準備の手順は以下のとおりである。

```
1  評価の目的を定める
2  「評価用ログフレーム」の案を作成する
3  評価用ログフレームに基づき、「計画達成度調査表」を作成する
4  評価用ログフレームに基づき、「5項目評価調査表」を作成する
5  質問票などを準備する
6  評価用ログフレーム、計画達成度調査表、5項目評価調査表を、協議の
   うえ、修正する
```

1　評価の目的を定める

何のために評価するのかをはっきりさせる。終結プロセスにおける評価の目的は教訓の抽出である。そのためには、このプロジェクトの目的・目標は何だったのか、あとに続くプロジェクトがこのプロジェクトから学びうる教訓とはどのようなものなのか、そのポイントをしっかりと認識することが効果的な評価の第1歩である。評価の視点としては、

本書では、第5章で紹介した評価5項目を用いることを推奨している。以下に評価5項目を再録する。

① 妥当性（Relevance）：プロジェクトは現在でも意義のあるものか
② 有効性（Effectiveness）：プロジェクト目標は、プロジェクトにより達成できたか
③ 効率性（Efficiency）：プロジェクトはムダなく実施されたか
④ インパクト（Impact）：プロジェクトが及ぼした正負の影響はあったか
⑤ 持続性／自立発展性（Sustainability）：プロジェクトの効果に持続性や発展性はあるか

2　「評価用ログフレーム」の案を作成する

　評価にあたっては、そのプロジェクトがそもそも何を目指していたのかをしっかりと把握する必要がある。プロジェクト計画の概要はログフレームにまとめられている。したがって、評価をする際にもログフレームがプロジェクトの概要を把握する中心的なツールとなる。

　しかし、プロジェクト計画は状況の変化に合わせて内容変更されてきており、ログフレームが現状を適切に反映していないこともある。また、立ち上げ当初に作成されたログフレームがあいまいなもので、ロジックも十分に整理されていない場合もある。

　このような事情がある場合、評価においては、既存のログフレームをもとに、報告書や資料などを参考にしながら、評価用のログフレームを整理する。評価用ログフレームには、プロジェクトが最終的に何を意図したのか、どのような計画案であったかを明記する。

　この評価用ログフレームを用いて評価のための調査項目を整理することになるが、その際に、評価用ログフレームと評価5項目の各視点との関係を十分に理解する必要がある。

① **妥当性（Relevance）**
　ログフレームの上位目標とプロジェクト目標が、評価時点でも意

義のあるものか、必要とされているものかを、政策、経営方針、住民や消費者のニーズなどの観点から検討する。

② **有効性（Effectiveness）**
ログフレームのプロジェクト目標が成果を通じてどれだけ達成できたかを確認する。

③ **効率性（Efficiency）**
ログフレームの投入の実施状況と成果の達成度とを比較し、投入がどれだけ効率的に成果に転換したかを評価する。

④ **インパクト（Impact）**
プロジェクトがもたらした正負の影響を検討する。ログフレームの上位目標の達成度もインパクトの1つとして考える。

⑤ **持続性／自立発展性（Sustainability）**
プロジェクトが終了した後もプロジェクトによる便益が自立的に持続されるかを、政策、技術、環境、社会・文化、制度・組織、財政などの観点から検討する。

プロジェクト名		期間：	
対象地域		ターゲットグループ	
プロジェクトの要約	指　標	指標の入手方法	外部条件
上位目標		インパクト	
プロジェクト目標			
成果		有効性	
活動	投入		
	効率性		前提条件

持続性／自立発展性
妥当性

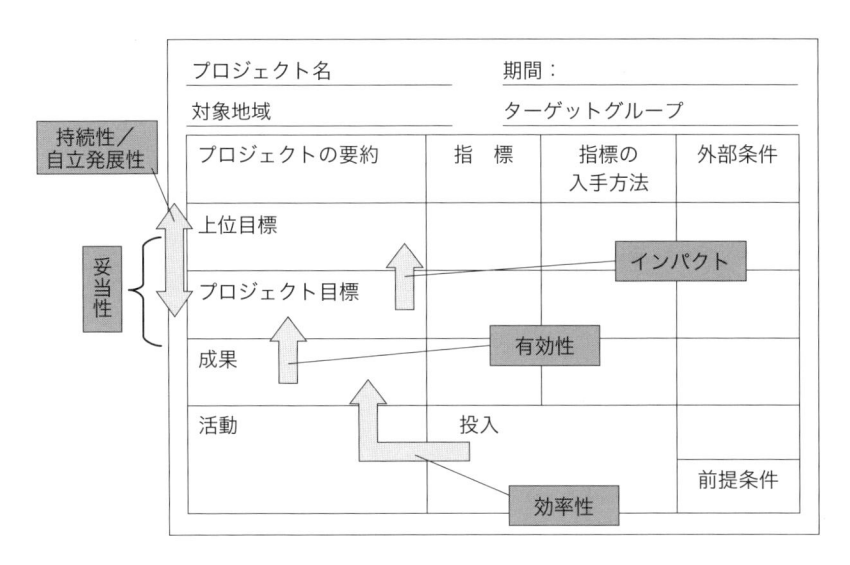

図6-1

表6-1 計画達成度調査表

項目	指標	指標入手手段	評価方法	現時点での仮評価	必要な現地調査	担当者
投入	専門家	人材配置計画実績対照表	計画と実績の比較を行なう	現地の安全確認のために配置が遅れた	確認	プロジェクト調達担当者
～～	～～	～～	～～	～～	～～	～～
活動	1-1.資機材調達の計画の策定および調達の実施	活動計画実施対照表および専門家	活動計画実施対照表を作成し、調達の実施状況を確認	不明	対照表の入手、専門家へのインタビュー、確認	プロジェクト業務調整担当者
～～	～～	～～	～～	～～	～～	～～

3 評価用ログフレームに基づき、「計画達成度調査表」を作成する

　評価においては、まずは投入や活動が計画どおりに実施されたか、成果やプロジェクト目標はどれほど達成されているのかといった、計画達成度の確認が重要な第1歩である。計画達成度は、評価用ログフレームから投入、活動、成果、プロジェクト目標を抜き出し、表6-1のような計画達成度調査表を作成してその達成度をまとめる。

　計画達成度調査表には、評価対象項目、その指標と指標入手手段（情報源）、評価方法、現時点での仮評価、その結果必要となる現地調査、現地調査の担当者などが明記される。これらを現地調査前に整理することによって、現地調査を効率よく、かつ客観的に実施できる。また、プロジェクト側で作成する資料（人材配置表や資機材管理表）が必要となった場合には、現地調査前にそれを要請しておくことも時間の節約になる。

4 評価用ログフレームに基づき、「5項目評価調査表」を作成する

　上記の計画達成度調査表と同様に、評価5項目における評価をするための5項目評価調査表を作成する（表6-2）。
　評点をつけることも、評価の読み手の理解を助ける。評点は、たとえば、「A＝計画どおり実施された」「B＝計画どおりではなかったがプロ

表 6-2　5 項目評価調査表

項目	指標	指標入手手段	評価方法	現時点での仮評価	必要な現地調査	想定される最終評価	評点
効率性	投入のタイミング	専門家	投入のタイミングについてインタビュー	人材の投入が遅れたが、影響は少なかった	関係者インタビュー	人材の投入が遅れたが、影響は少なかった	B
〜〜	〜〜	〜〜	〜〜〜	〜〜〜	〜〜	〜〜〜	

ジェクトの進捗には影響を与えていない」「C＝計画どおりではなく何らかの対応が必要」「O＝計画上まだ達成される必要はなし」という基準でつけていく。

5　質問票などを準備する

　上記、両調査表において、インタビューが必要な項目については調査表の分類にしたがって質問を考え、それをまとめて質問票とする。質問はなるべく簡潔に、数も必要最小限にすることが望まれる。質問票は、事前に資料の用意が必要なものを除き、インタビュー時に面接者に手渡される。インタビュー前に回答可能な場合は、事前に回答を送付・返信してもらい、時間を節約をするという工夫も必要である。

6　評価用ログフレーム、計画達成度調査表、5 項目評価調査表を、協議のうえ、修正する

　評価用ログフレーム、計画達成度調査表、5 項目評価調査表、質問票のそれぞれの内容については、調査開始前に十分な協議をすることが必要である。より客観性の高い評価をするためには、できるだけ多くの関係者の視点から評価内容がスクリーニングされる必要があるためだ。

6.3.2　評価の実施

準備ができたら、以下の手順にしたがって実施する。

> 1 評価用ログフレーム、両調査表の内容についてプロジェクト実施者から最終的な了解を得る
> 2 両調査表に基づいて必要な調査を行ない、調査表を埋める
> 3 評価団内で協議のうえ、調査表を修正する
> 4 両調査表をもとに分析を行ない、評価報告書を作成する

1 評価用ログフレーム、両調査表の内容についてプロジェクト実施者から最終的な了解を得る

　評価を実施する前に、主要なプロジェクト実施者に対して、評価の目的から調査表にいたるまで説明し、最終的な了解を得ることが必要である。相手方の理解が不十分なままで評価をしても、評価結果が受け入れられない場合があるからである。

2 両調査表に基づいて必要な調査を行ない、調査表を埋める

　両調査表に書いてある調査方法に忠実に調査を行なう。そして調査結果を簡潔に調査表にまとめる。評価の根拠となるデータや報告書類は添付資料とし、調査表の簡潔性を保つようにする。

3 評価団内で協議のうえ、調査表を修正する

　調査表を中心に、評価結果は妥当か、書きぶりは適切か、十分に協議したうえで最終的な調査表内の各項目の評価結果をまとめる。

4 両調査表をもとに分析を行ない、評価報告書を作成する

　最終的な調査表をもとに、最終的な評価結果、そのような評価結果になった理由、問題があった場合のその原因、評価結果から導き出される教訓、といった視点から評価結果を最終的に決定する。その結果をもとに、報告書案を作成する。

6.3.3 評価の完了

プロジェクトと同様、評価にも適切な終結プロセスが必要である。以下の手順で評価調査を完了させる。

1　評価結果を発表し、関係者の意見を参考に修正する
2　評価結果について合意を形成し、代表者が評価報告書案に署名する
3　評価報告書を完成させ、関係者に配布する

1　評価結果を発表し、関係者の意見を参考に修正する

関係者を集めて評価結果を発表する。プレゼンテーションは的を絞り、わかりやすくする。プレゼンテーションが終わったら、関係者の意見発表の場をもうける。評価結果に誤解があることもある。誤解に基づくものは修正する。また、見解の違いが最後まで残ることもあるかもしれない。その場合は、両論を併記し、見解の違いがあったという事実そのものを報告書に残す。

2　評価結果について合意を形成し、代表者が評価報告書案に署名する

評価結果および教訓について関係者全員が了承したことを確認し、プロジェクト実施者の代表と評価団側の代表が評価報告書案に署名する。これにより、評価結果および教訓が評価団のひとりよがりのものではなく、関係者の合意に基づくものであることが示される。

3　評価報告書を完成させ、関係者に配布する

これら一連の評価作業、評価結果、それに対する反論、そして合意された評価結果と教訓にいたるまで、評価報告書としてまとめる。評価報告書は関連機関に配布する。また、インターネット上で自由に閲覧できるようにすることも、説明責任（アカウンタビリティー）の視点から重要である。

6.4 終結

プロジェクトが終結したことをしっかりと認識し、立つ鳥跡を濁さずの諺のとおりに、綺麗な終結をしたいものだ。さて、最後のひとふんばり。ここでしっかりと終結しておこう。

6.4.1 終結の確認

何をもって終結とするかということをしっかりと確認し、そのとおりに終結する。

```
1  終結条件の確認
2  終結条件の判断
3  報告書の作成
4  関係者への宣言
```

1 終結条件の確認

　ログフレームや詳細計画表、契約文書などから、何をもってプロジェクトが終結したと判断するのかを確認する。あいまいに書いてある場合には、それを関係者（主にクライアント）に確認する。あいまいさを正すときには、かならず文章（メールなども含む）に残しておくことが重要である。

2 終結条件の判断

　終結条件を満たしているかどうかを判断する。満たしていない条件は早急に対処する。対処に多くの活動が必要となる場合には、計画変更か新規プロジェクトとして別途対応するなどの判断が必要となる。その判断のときにも、関係者（特にクライアント）の合意を得ることが必要である。

3 報告書の作成

プロジェクトが終了するにあたって、プロジェクト完了報告書などの報告書が作成されていることが重要である。報告書は、プロジェクト目標から活動、成果品リストや教訓など、大まかなプロジェクト概略がわかる程度でよい。細かいものは、あとに述べるファイリングで扱う。

4 関係者への宣言

無事、すべての終結条件がそろった段階で、終結したことを関係者に宣言する。これはお礼のメールでもよいし、パーティーという形でもよい。ポイントは、プロジェクトの終結をしっかりと関係者に印象づけることである。

6.4.2 ファイリング

プロジェクトの終結後に、その結果を受けてあとに続くプロジェクトがあるかもしれない。また、将来にわたってプロジェクトの資料が必要となるときがくるかもしれない。そのような場合に対応できるように、関係書類などをファイリングしておく。

1. 報告書
2. その他資料
3. ファイルリスト
4. 電子化

1 報告書

プロジェクトではさまざまな報告書が作成される。これらにナンバリングして、ファイリングする。

2 その他資料

その他の資料もできるだけナンバリングしてファイリングしておく。プロジェクト終了後のクレーム対策として役に立つことがあるかもしれない。

3　ファイルリスト

せっかくのファイルも、どこにどのデータがあるのかわからなければ意味がない。ファイルにはリストをつけて検索できるようにしておく心遣いが必要である。

4　電子化

最近ではさまざまな文書やデータが電子化されるようになった。電子化できるものは電子化し、ファイルスペースを節約することも重要である。

6.4.3　解散・撤収

プロジェクト終結と同時に、メンバーを解散し、オフィスを解体し撤収する必要がある。

```
1  チームの解散
2  オフィスの解体と撤収
```

1　チームの解散

プロジェクトが終結したことを受け、チームを明確に解散する。チームメンバーが別々の所属先から来ている場合には、チームが解散し、メンバーが解放されたことを各所属先に知らせる。

2　オフィスの解体と撤収

プロジェクトがオフィスを構えているときには、オフィス施設や機材を適切に処理する。所有者や責任者を明確にして、違法な持ち帰りや投棄が行なわれないように注意する。

第7章
包括的マネジメント

第7章　包括的マネジメント

　プロジェクトで病院を建てた。ところがいつまで待っても医者が来ない。プロジェクトで医者を訓練した。ところが必要な医療器具がない。プロジェクトで医療器具を輸送した。ところがマニュアルが外国語で書いてあって使い方がわからない。こんな笑い話のようなことが実際に起きている。プロジェクトマネジメントがプロジェクトだけをマネジメントしていればよいという時代は終わった。プロジェクトは他のプロジェクトや定常業務とリンクすることにより、より大きな目標を達成するための要素である。より大きな視点からの包括的マネジメントの視点が必要である。

7.1　包括的マネジメントの必要性

7.1.1　より高度な目的

　現代社会ではプロジェクトが解決しようとする課題は困難さを増し、その目的はより高度化している。たとえば筆者が携わる政府開発援助（ODA）の世界では、以前であれば病院を建てるだけでもよいプロジェクトとされていたが、今では、病院を建てたことによってどのようなサービスが提供されるようになったのか、またその結果としてどれだけの病気が治療されたのか、さらにそれが地域住民の生活向上にどれだけ貢献したのかということが問われるようになっている。そのような高次の目的はプロジェクト単体で達成できるものではない。また1つの組織がすべてのプロジェクトを実施することもできない。プロジェクト間のみならず、組織間の調整も必要となる。他のプロジェクトとのハーモナイゼーション（連携と和合）を通じて相乗効果を高め、困難な問題に立ち向かう必要性が高まってきているのである。

7.1.2　自由で複雑化した関係者の関係

　大きな権力とリーダーシップを有する者がいて、複数のプロジェクトを、ハーモナイゼーションすることも可能であろう。しかし、今ではそのようなリーダーシップを発揮できる者は、独裁国でもない限り存在しない。民主国家は、その構成員それぞれが独自の理念をもって動いている混沌とした世界なのだ。無論、マスタープランや業界の制度的枠組みなどはあるかもしれないが、ひとつひとつのプロジェクトの活動を強権的にコントロールできるような権威は存在しない。個々のプロジェクトが、高い目的意識をもつと同時に、自由かつ複雑な関係の中から意図を共有する関係者を識別し、それらの関係者と協働的な関係をもち、大きな目標を目指すことが必要である。

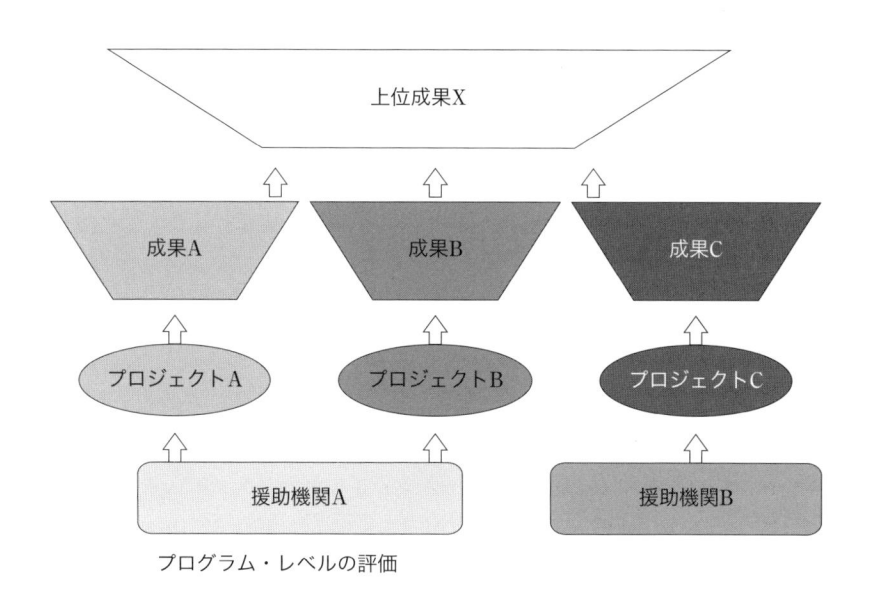

図7-1　大きな目標とプロジェクトの関係

7.1.3　戦略的組織運営とプロジェクトマネジメント

　組織の大目標を達成するための戦略を描き、それを各プロジェクトに具体化し、またプロジェクトの経験から新しい戦略を導き出すという戦略的な組織運営が急務となっている。その潮流の中では、プロジェクト目標の達成のみを目指していた時代はすでに過去のことだ。一介のプロジェクトマネージャーがトップマネジメントの範疇にある組織戦略をつくることはできないが、プロジェクトの責任者として、上部組織の戦略を理解し、マネジメントをすることが必要である。また、現場に最も近く位置するプロジェクトマネージャーは、現場の意見をトップに伝え、戦略レベルにフィードバックすることが必要である。トップダウンとボトムアップをつなぐミドルアップダウンを担うのが、戦略的なプロジェクトマネジメントと言えよう。

7.2　プログラムマネジメント

　プロジェクトを戦略的にマネジメントするためには、複数のプロジェクトを組み合わせた「プログラム」の概念が必要である。プログラムとは、プロジェクトの上位概念であり、大きな目標を達成するために、プロジェクトを要素として、定常業務も含めて、すべての活動を戦略的に組み合わせたものである。理想的には、プログラムが策定されてから各プロジェクトが計画されるべきであるが、実際には、各プロジェクトが戦略的なつながりももたずに、ばらばらにマネジメントされている場合が多い。また、他の組織によるプロジェクトにいたっては、自分のプロジェクトと戦略的なつながりをもつ必然性もない。ここではより実践的なマネジメントの見地から、ばらばらなプロジェクト群を1つにつなげるためのプログラムマネジメントを提示したい。さらに、プログラムマネジメントの視点から、各プロジェクトのマネージャーがもつべき戦略的なプロジェクトマネジメントも紹介する。

7.2.1 プログラム目標の設定

プロジェクトの上位概念であるプログラムをマネジメントするために、またはプロジェクトをプログラムの視点から戦略的にマネジメントするためには、プログラム目標の設定は欠かせない。その前提として必要なのが、ミッションの理解である。ミッションとは、組織が世の中に存在するための意義であり、組織自体の最高レベルの目標を言葉で表したものである。組織のトップは、それを意識しながら将来の具体的な方向性（ビジョン）を示し、事業（プロジェクト）を展開していく。プロジェクトにも、プロジェクトが存在する意義であるミッションがある。

1　上部関係者のミッションの確認
2　ログフレームの上位目標の確認
3　ミッションとの関連づけ
4　プログラム目標の設定

1　上部関係者のミッションの確認

上部関係者とは、プロジェクトの財政支援組織や実施機関などを指す。これらの関係者の組織としてのミッションは何かを確認する。それは、組織が掲げる長期計画や、組織の対外的な広報（キャッチフレーズも含めて）に示されている。ミッションをさらに具体化したビジョンが示されている場合はそれも参考にする。

2　ログフレームの上位目標の確認

プロジェクト目標の上に位置する上位目標は、プロジェクトにとってミッションまたはビジョン的な位置づけにある。上位目標が何を意図しているかをビジョニングを駆使して具体的にイメージする。

3　ミッションとの関連づけ

プロジェクトが実施されるということは、プロジェクトが上部関係者

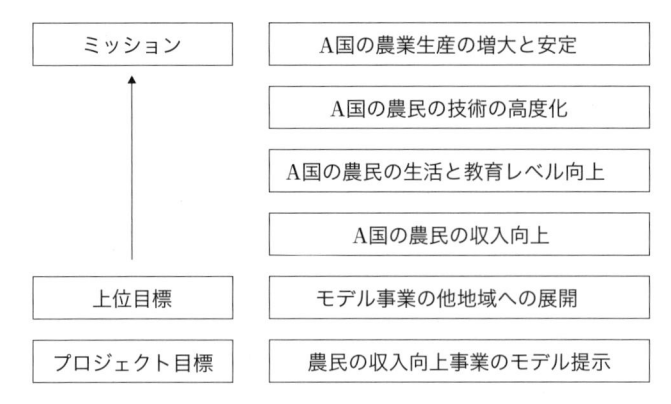

```
ミッション ── A国の農業生産の増大と安定
            ── A国の農民の技術の高度化
            ── A国の農民の生活と教育レベル向上
            ── A国の農民の収入向上
上位目標   ── モデル事業の他地域への展開
プロジェクト目標 ── 農民の収入向上事業のモデル提示
```

図7-2　プロジェクトとミッションの関係

のミッションの遂行に必要と判断されたということである。プロジェクトのミッションをより正しく理解するために、上部関係者のミッションに対して上位目標がどのようなシナリオでつながっていくのかを明らかにする。具体的には、一番下にプロジェクト目標を置き、そのすぐ上に上位目標を置いて、少しスペースを空けてミッションを置く。そしてこれらを「手段－目的」の論理関係でつないでいく。

4　プログラム目標の設定

　上記のシナリオにしたがって、どこのレベルをプログラム目標とするかを判断する。どのレベルをとれば正解ということはなく、上部組織の関係者との意見交換などを通じて、意思決定すべきものである。このような作業は、上部組織やほかの関係者なども含めたワークショップで、各組織のマネジメントのやり方をすり合わせながら決めることが理想的である。それが難しい場合は、プロジェクトの上位目標をそのままプログラム目標として設定することである。上位目標のレベルが高すぎたり、低すぎたり、あるいは不明瞭だったりする場合、ビジョニングを駆使しながら、明確かつ適切なレベルのプログラム目標を設定するとよい。

7.2.2 プログラム分析

プログラム目標が1つの組織の力だけで達成可能であれば、プログラム目標を決めて、それを達成するためのプロジェクトを実施すればよい。しかし、現実にそのような場合は稀である。また、ほかの組織と連携を図ることでプロジェクトの相乗効果を上げることも有益である。ここでは、複数の組織がばらばらに実施しているプロジェクトをプログラム化する方法を紹介する。

```
1  プログラム目標の確認
2  プログラム関係者分析
3  プログラム化分析
```

1　プログラム目標の確認

前節で紹介したプロセスで設定されたプログラム目標をうけて、プログラム目標の内容を確認する。

2　プログラム関係者分析

プログラム目標を達成するのに必要な関係者をすべて洗い出し、それらの関係者が実施している（または実施する予定の）関連するプロジェクトを以下の項目に関して整理する。

① 関係者名
② プロジェクト名
③ 上位目標
④ プロジェクト目標
⑤ 主な活動
⑥ プロジェクトサイト
⑦ プロジェクト期間
⑧ プロジェクト関係者（主なもの）

表 7-1　プログラム関係者表

関係者	プロジェクト名	上位目標	プロジェクト目標	主な活動	サイト	期間	関係者
ドナーA	参加型農村開発プロジェクト	農民の収入向上	農民の自給自足の能力を高める	研修 モデル村における実験	X州	2015年〜2020年	農業省計画局
ドナーA	アフリカにおける野菜栽培研究協力	農業技術の向上	A国における野菜栽培技術の高度化	実験 研究報告 セミナー	首都	2013年〜2016年	A国農業研究所
ドナーB	農業普及制度改善計画	農民の技術向上	A国の普及員の能力向上と普及体制整備	研修	X州	2016年〜2018年	農業省計画局
ドナーC	小規模灌漑農業モデル	農民の生活レベル向上	農村レベルで対応可能な灌漑技術の樹立	研究 モデル村における実験	Y州	2014年〜2019年	農業省計画局

このような表をエクセルなどの表計算ソフトで作成しておく。

3　プログラム化分析

表計算ソフトには、「並べ替え（ソート）」という機能がある。この機能を用いて、上記のプログラム関係者表を以下の視点で並べ直してみる。

① プロジェクト目標
② 上位目標
③ 主な活動
④ プロジェクトサイト
⑤ プロジェクト期間
⑥ プロジェクト関係者（主なもの）

並べ替えを行なう前に、各項目において、それぞれカテゴリーを決めてナンバリングしておく。たとえば、プロジェクト目標で、農村開発は1、灌漑は2、研究は3などとナンバリングをする。

ナンバリングをしてから、各項目で並べ替えをしてみる。そうすると、同じような上位目的を共有していたり、サイトが同じであったりするプロジェクトが一目瞭然に示される。この表をもとにして、どのような項目でどのような連携や協力が可能かを分析する。

7.2.3 漸進的プログラム化活動

プログラム化を進める場合には、漸進的に少しずつ、関係者の理解と共感を深めながら進めることが重要である。

1　プログラム関係者の認識の共有
2　プログラム化活動

1　プログラム関係者の認識の共有

プログラム化の前提条件として、プログラムの関係者がそれぞれのプロジェクトをプログラムの1つとして認識することが重要である。そのためには「プログラム系図」と「プログラムマップ」が有効である。

第3章で紹介した目的系図をプログラム向けに作成する。目的系図は、異なるプロジェクトの目的がどのように関連しているかを視覚的に示すうえで非常に有効である。プログラムとプロジェクトのかかわりを視覚的に示すために、プログラム関係者表をもとに、目的系図をつくると理解が進む。

上記に加えて、プログラムの対象地域の白地図上に、プロジェクトサイトの位置とプロジェクト名と実施組織・期間を表示する。これによって、特にプロジェクトが集中している地域において、連携と調整が必要であることを認識できる。

プログラム系図とプログラムマップを作成し、関係する組織に訪問した際に、内容の確認も含めてプレゼンテーションして、コメントを受けながら、内容の確認や修正を行なう。これが、連携の最初の1歩となる。

```
                    ┌─────────────┐
                    │ プログラム目標 │
                    └──────┬──────┘
              ┌────────────┴────────────┐
         ┌────┴─────┐              ┌────┴─────┐
         │(共有)上位目標│              │(共有)上位目標│
         └────┬─────┘              └────┬─────┘
      ┌──────┼──────┐            ┌──────┴──────┐
  ┌───┴──┐┌──┴───┐┌─┴────┐    ┌──┴───┐    ┌───┴──┐
  │プロジェクト││プロジェクト││プロジェクト│    │プロジェクト│    │プロジェクト│
  │ 目標A ││ 目標B ││ 目標C │    │ 目標D │    │ 目標F │
  └──────┘└──────┘└──────┘    └──────┘    └──────┘
```

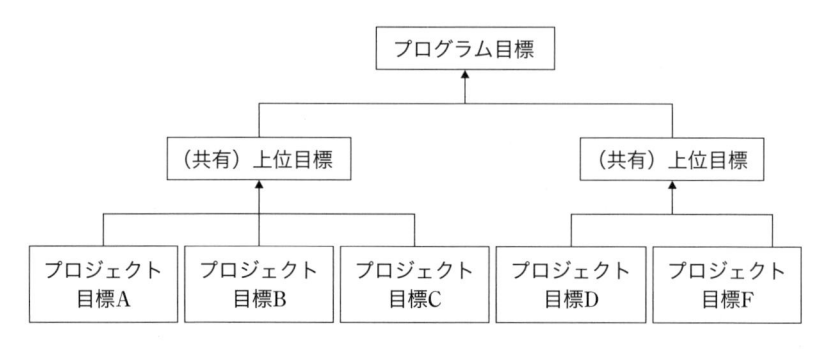

図7-3　プログラム系図

　無論、プログラム化に反対する意見や心理的な抵抗感のある組織もあるので、最初からこれがプログラムですという紹介は避ける。まずは内容の確認という段階からスタートし、相手にプログラム化の必要性を気づかせることが重要である。またプログラム化に反対だったとしても、反対意見はプログラムをより実践的なものにするための貴重な意見として拝聴する。

2　プログラム化活動

　プログラム化は一朝一夕にできるものではない。また会議を繰り返せばできるものでもない。目の前にある簡単なことから、少しずつ具体的に進めていく。

　プログラム関係者表を項目ごとに並べ替えてみて、それぞれの項目について同じグループに属する関係者に対して以下のような働きかけを行なっていくとよい。簡単なものからより高度なものまで順に並べると、以下のようなプログラム化活動の流れになる。

1　上位目標およびプロジェクト目標が類似している場合
　　目標関連の情報交換
　　モニタリング情報の共有
　　共有のテーマのもとで共同のセミナーの開催

目標の指標のすり合わせ
　　　共同の目標の設定
　　　共同プロジェクト

2　主な活動が類似している場合
　　　活動内容の情報交換
　　　マニュアル等資料の相互利用
　　　共同のセミナーや研修の開催
　　　連携活動

3　サイトが同じまたは近い場合
　　　サイト間の相互訪問
　　　共同のセミナーや研修の開催
　　　施設の相互利用

4　期間が類似している場合
　　　共同のセミナーや研修の開催
　　　共同活動（相乗効果）
　　　上位目標の共有

5　関係者
　　　共同のセミナーや研修の開催
　　　活動の調整（業務の集中を軽減）
　　　活動の連携

7.2.4　戦略的プログラム化

　上記の漸進的プログラム化活動を進めていると、いずれ、プログラムはあとづけで作成するものではなく、当初からプログラムとして戦略的に策定され、プログラムの構成要素としてプロジェクトが実施されるべきであ

る、という認識が関係者間に生まれてくる。それを見計らって、プログラムを複数の関係者で共同して策定し、その下部構造としてのプロジェクトを計画し、実施し、モニタリングするという方法をとる。

```
1  プログラムづくりのワークショップ
2  プログラムのモニタリング
3  プログラムの評価
```

1　プログラムづくりのワークショップ

プログラムを策定するための参加型計画ワークショップを開催する。作業内容は第3章で紹介した立ち上げ作業であり、基本的な流れは同じだが、プログラムでは各ステップで以下の留意点がある。

(1) ワークショップの開始時

ワークショップの開始時にプログラム目標をしっかりと明確化する。これは通常のワークショップでも同様で、ワークショップの目的を明確化するが、プログラム策定の際には特に今回のワークショップはプログラムを決めることであり、プログラム目標は「何々」であるという認識を共有する。

(2) 関係者分析

関係者分析では、本節上記で述べたプログラムの関係者分析を行なう。つまり、プログラム目標を達成するために必要なすべての関係者を洗い出し、現在実施中または実施予定のプロジェクトの概要をすべて書き出す。

(3) 問題分析

問題分析の出発点となる中心問題は、プログラム目標の表記を問題の形に書き直したものとする。たとえば、プログラム目標が「A国の農民の収入を向上させる」であれば、中心問題は「A国の農民

の収入が低い（または向上しない）」とする。

(4) 目的分析

プログラム目標を中心目的として、目的系図をつくっていく。ある程度系図の作成が進んだら、現在実施中のまたは実施予定のプロジェクトも目標達成のための手段の1つとして書き加えていく。

(5) プログラム化（プロジェクト選択）

目的系図を見て、プログラム目標を達成するために必要な手段が現況のプロジェクトですべてカバーされているかどうかを確認する。確認後、手段として必要であるにもかかわらず、それを実現するためのプロジェクトが実施されていない場合は、それらを新規にプロジェクトとする。1つのプロジェクトとしてもよいし、課題が難しい場合には複数のプロジェクトにしてもよい。また、1つの目的を達成するのに複数の代替手段がある場合には、その1つだけをプロジェクトとしてもよい。

このようにして、プログラム目標を達成するためのすべての手段がプロジェクト化され、目的系図はプログラム系図となる。

プロジェクト化の際には、それがどの組織によって実施されるものかも決めて、その実施機関も書き足すとよい。

(6) プログラム・ログフレーム

プログラム系図ができたら、プログラムレベルのログフレームを作成する。基本的な構成はプロジェクトのログフレームと同じであるが、プログラムレベルのために以下のような構成になる。

「プログラムの要約」は、通常のログフレームと同様、縦のロジックで各項目がつながっている。プログラム目標を達成するための中間目標が複数あり、1つの中間目標を達成するために、複数のプロジェクトが位置づけられる。

「指標」は、プログラム目標と中間目標の成果を測る指標である。

プログラムの要約	指標	モニタリング
プログラム目標		
中間目標 1. 2. 3. (以下略)	1. 2. 3.	1. 2. 3.
プロジェクトリスト 1-1. 1-2. . 2-1. 2-2. (以下略)	実施機関	投入額	期間	サイト

図7-4　プログラム・ログフレーム

　「モニタリング」には、指標データを収集するための活動を、誰が、いつ、どのようにして行なうかを記入する。指標入手手段よりもより突っ込んだ詳細まで記入しておかないと、モニタリング実施の責任があいまいになる。
　「投入」には、各プロジェクトの実施機関名、総投入額、サイトなどを明記する。
　あまり雑多な情報を記入すると見にくくなるため、この例には外部条件などは入れていない。もちろん、必要であれば、外部条件の欄などをもうけてかまわない。

(7) プロジェクト・ログフレーム

　プログラム・ログフレームができれば、プログラムの構成要素となる各プロジェクトのログフレームは、プログラム目標をそれぞれのプロジェクトのスーパーゴール（上位目標のさらに上の目標）と

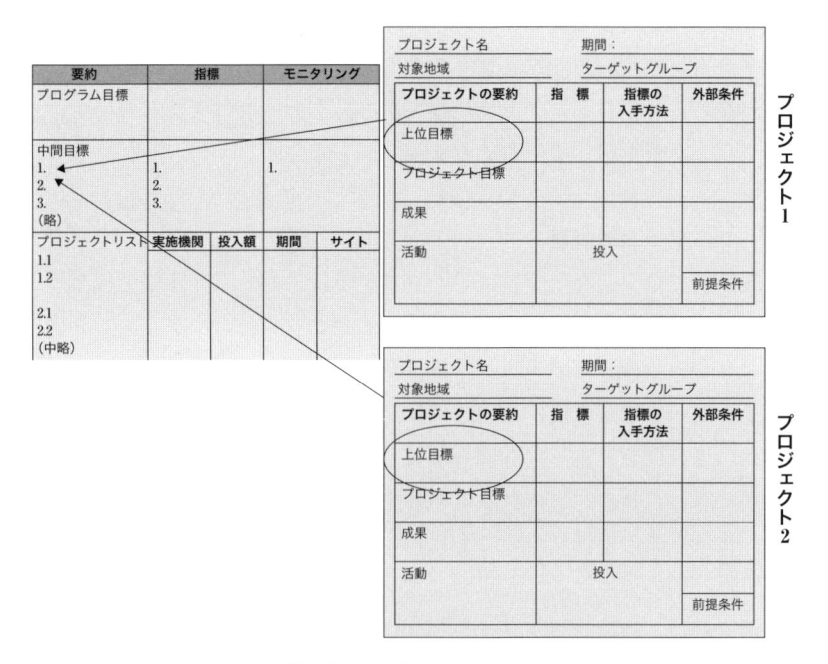

図7-5 上位目標を共有した2つのプロジェクト

して、またプログラムの中間目標をプロジェクトの上位目標として共有することとなる。プロジェクト・ログフレームについては、第3章を参照のこと。

2　プログラムのモニタリング

　プログラム・ログフレームができれば、それに基づいて定期的なモニタリングが可能となる。また、プロジェクトレベルでも、各プロジェクトがプログラム目標にどれだけ貢献しているかを定期的にモニタリングして、プロジェクトの調整をより高いレベルから進めることも可能となる。モニタリングのやり方は基本的にプロジェクトのモニタリングと同じと考えてよい。ただし、各組織があまり連携もなくプロジェクトを実施している場合には、プロジェクト間の情報交換を行なったり、定期的なセミナーや会議を開くなどして、関係者間のコミュニケーションの場

を設定し、その中でプログラム・ログフレームをつねに示しながら、プログラムレベルのモニタリングの共有化を積極的に図る必要がある。そうしないと、プロジェクトに比べて求心力が低いプログラムの場合、モニタリングが形骸化するおそれが高い。

3 プログラムの評価

複数のプロジェクトを統合したプログラムに対しても評価を行なうことは可能である。前述したプログラム・ログフレームに基づいて評価を行なうが、その評価の視点や手法は基本的にはプロジェクトの評価と同じである。目標達成度についてはログフレームのプログラム目標と中間目標の達成度を評価し、評価5項目もプロジェクトと同様に評価することができる。また、プログラムの効果に加えて、プログラムの構成やプロジェクト間の連携についても見ていく必要がある。

また、別の視点として、以下に示すような政策やプログラム全体を、政策、経済、技術レベル、社会・文化、組織等の横断的側面からの評価することで、多面的に評価対象をとらえることができる。

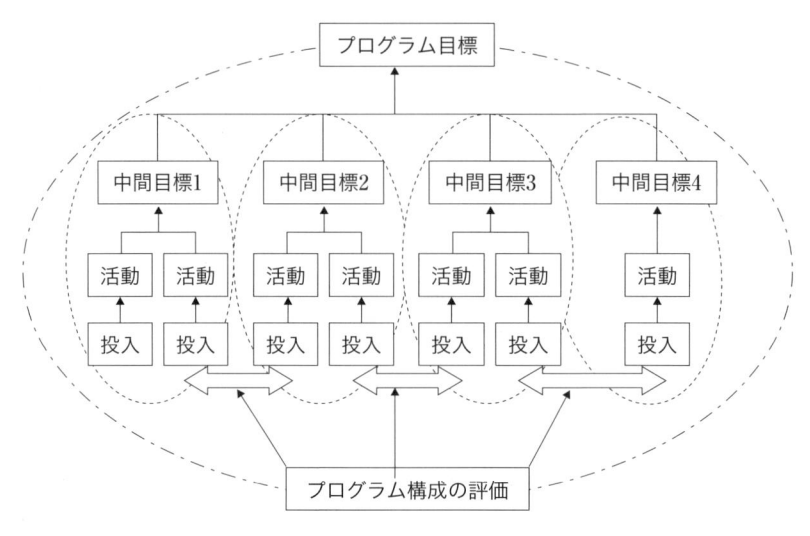

図7-6 プログラム評価の視点

表7-2　プログラムレベルにおける評価5項目の基本的視点と応用的視点

評価項目	基本的視点 （プログラム全体への視点）	応用的視点 （プログラム構成への視点）
妥当性	プログラム目標がプログラムの目標として意味があるかどうか検討する。	要素となるプロジェクト、各活動の間での連携（関連性）はどのように、またどれほどとられていたか。計画として見た場合の一貫性はあるか。実施者間にプログラムとしての認識はあったか。
有効性	プログラム目標は、中間目標によって達成されたか、あるいは達成される見込みであるかを検討する。	要素となるプロジェクト、各活動で、最もプログラム目標に効果のあったものは何か。また反対にほとんど貢献しなかったプロジェクトはどれか。また相乗的な効果はあったか。
効率性	実施過程における生産性。投入が中間目標にどのようにどれだけ転換されたか。投入された資源の質、量、手段、方法、時期の適切度を検討する。	要素となるプロジェクト、活動、投入に無駄な重複はなかったか。または各事業の実施の順序は適切だったか。同じ投入または成果を共有するなど、効率性を高めるような工夫はあったか。
インパクト	プログラムが実施されたことにより生ずる直接的・間接的な正負の影響を検討する。計画当初に予想されなかった影響や効果も含む。	要素となるプロジェクト、各活動で、特にインパクト（正負）の大きかったものは何か。反対にほとんどインパクトのなかったプロジェクト、活動はどれか。
持続性／自立発展性	プログラムが終了したあともプログラムによってもたらされたインパクトや便益が持続するかどうかを検討する。	特に持続性が低く、またプログラム全体の持続性に影響を及ぼすようなプロジェクトまたは活動はどれか。

7.3　組織的プロジェクトマネジメント

　近年注目が高まってきているのは、プロジェクトマネジメント・オフィス（PMO）と呼ばれる、組織のプロジェクトマネジメントを一元的にあつかう組織である。組織の効率性を高め、より高次の組織目標を達成するために、各プロジェクトを個別にマネジメントするのではなく、プロジェクトマネジメントに必要な機能を整理し、集約し、集中管理するという方法が普及しつつある。

7.3.1 PMOの設置

プログラムは複数のプロジェクトの集合体である。ということは、プログラムも有期であり、プログラム目標を達成したら終結する。しかし組織は存在し続ける。よって、プログラムベースのさらに高い概念で、組織が存続し繁栄するためにどうプロジェクトをマネジメントしていくかという「組織的プロジェクトマネジメント」が必須となる。その意味で近年注目されているのがPMOである。PMOは、組織が実施する複数のプロジェクトのマネジメントのサポートを一貫して行なうワンストップ・サービスステーションとしての役割を担う。PMOの設置は以下の手順で行なう。

```
1  PMO設立の目的の明確化
2  PMO計画
3  PMOへの人員配置
4  情報の収集と一元化
5  サービスの試験的開始
```

1　PMO設立の目的の明確化

PMOが機能すれば、プロジェクトを通じた同じような業務は定常業務化でき、時間の短縮になり、また問題が起きたときの処理など全組織的な対応が可能になる。そのような利点がある一方で、PMOを設立すればそれだけコストがかかる。また通常はフルタイムの人員を配置することになるので、一般業務での人的なロスが起こる。利点とコストを十分に比較分析して、PMO設立によるさまざまな影響を明確にすることが必要だ。そのような議論や分析を通じて、PMOに期待するサービスの目的を明確化する。

2　PMO計画

期待される目的を達成するためにPMOに求められる機能を洗い出

す。そして、その機能を発揮するために必要な人材、機材、施設などを計画する。

3　PMOへの人員配置

計画が固まった段階で、PMO立ち上げのための最初の人員を配置する。最初の人員はできれば少数精鋭とする。プロジェクトマネジメントの知識と組織のニーズを直感できる程度の経験があることが望ましい。また、経営との密な連携をとるために、トップマネジメントからの直接の任命にするとよい。

4　情報の収集と一元化

求められる機能を発揮するために必要な情報をすべてPMOに一元化する。まずは、プロジェクト計画書とモニタリング関係書類の収集から始める。そのうえで、まずは大まかなに現在どんなプロジェクトがどのような目的のもとに動いているのかを示すマップをつくる。それだけでも経営側にとっては有効な資料となる。次に、これらのプロジェクトについて、どの情報をどこまで把握しておくべきかという点を明らかにし、必要な情報を収集し、整理する。この場合、PMIS（Project Management Information System）の導入および利用は不可欠であろう。さらに、体制が整うにつれて、各種報告書などの様式を統一し、可能であれば簡略化して、一元的なモニタリングができるようにする。

5　サービスの試験的開始

ある程度体制が整ったら、求められるサービスを試験的に提供してみる。そして、試行の過程をモニタリングし、改善を行なう。本格的なサービス提供を始める前に、パイロット的に複数のプロジェクトをPMOで管理し、徐々にその適応範囲を広げていくことが現実的である。

7.3.2 PMOの運営

PMOはプロジェクト実施機関と各プロジェクトとのワンストップ中継点として、主に情報に関するさまざまな役割を果たす。PMOには以下の機能が求められる。

1. プロジェクトの情報収集機能
2. プロジェクトの情報分析機能
3. プロジェクトの情報発信機能

1 プロジェクトの情報収集機能

PMOは、プロジェクトからのモニタリング報告を受け、進捗情報を収集する。また、プロジェクト実施機関の経営方針などに変更があり、プロジェクトに対する影響が懸念される場合にも、そのような変更についての情報を収集する。さらに外部的な環境変化についても、プロジェクト運営に影響があるような情報について、プロジェクトの求めに応じてさまざまな情報を提供するPMOの役割から、定期的な情報収集が欠かせない。

2 プロジェクトの情報分析機能

PMOとしては、情報の受け手のニーズに合わせて情報を使える情報として成り立たせなければならない。経営側のニーズは、各プロジェクトが全体的な大目標に対してどのような貢献をしているのかといったものであろう。プロジェクト側としては、予算がいつ承認されるのか、どのような人材が母体組織の人材プールにいるのかといった情報であろう。そのようなニーズに合わせて、手もちのデータを分析して、適格な情報に仕上げることが必要である。

3 プロジェクトの情報発信機能

プロジェクトの情報は定期的に、または必要に応じて、受信者側に届

けられる。その際にも、コミュニケーション管理の節で述べたように、受け手のキャパシティを考えて、最もわかりやすい方法で、かつ簡潔な分量で情報を提供する必要がある。

PMO は日本でも大企業を中心に広く取り入れられている。これもまた、単体のプロジェクトでは市場やクライアントの要求に対応しきれず、シナジー効果を有する複数のプロジェクトすなわちプログラムによる事業運営が求められている状況の、1つの表れととらえることができる。問題が複雑化し、事業サイクルが日を追って短くなる昨今の社会の中で、プロジェクトマネージャー個人のレベルでは対応しきれない要求も多く発生するようになってきている。これらの状況に迅速、広範に、整合性をもったサポート機能の実現が急務となっているのである。今後、PMO はプロジェクトを組織的にマネジメントするうえで欠かせないものとなるであろう。

補 遺

補遺

補遺1　SWOT

　第3章で説明したとおり、プロジェクトの立ち上げツールには問題解決型と機会発見型の2つのタイプが考えられる。第3章で紹介したPCM（プロジェクト・サイクル・マネジメント）は問題解決型のプロジェクト立ち上げツールであるが、ここでは、機会発見型のプロジェクト立ち上げツールとして、SWOTを紹介する。

　機会発見型アプローチの場合、プロジェクトは組織や地域社会の強みや潜在能力を伸ばす手段として用いられ、弱い部分や苦手な領域は、それを克服するという戦略もありうるが、多くの場合は縮小あるいは撤退という戦略をとる。SWOTは、強み（Strengths）、弱み（Weaknesses）、機会（Opportunities）、脅威（Threats）の頭文字をとったもので、組織や集団の内的な強みと弱み、外的な機会と脅威を分析し、それらの組み合わせで

表 補1-1　シンプルSWOT

	強み（Strengths）	弱み（Weaknesses）
内的要因	・米が豊富にとれる ・果物や野菜がとれる ・牛を飼っている ・ミルクがとれる	・料理のレパートリーが少ない ・調理法をあまり知らない ・昔ながらの料理にこだわっている ・新しい料理に抵抗がある ・識字率が低い
	機会（Opportunities）	脅威（Threats）
外的要因	・村役場に栄養指導員がいる ・村役場に農業指導員がいる ・識字教育を行なうNGOがいる ・教授が協力隊員時代に滞在していて知り合いが多い ・「おたべ」がプロジェクトを計画している	・毎年、冷害がある ・塩分の多い干し魚が輸入されてくる

組織戦略や状況改善戦略を立てる手法である。

　まず、組織や集団がもっている顕在的・潜在的な強みと弱み、その組織や集団の外部に存在する、その組織や集団にとっての機会と脅威を書き出す（表 補1-1）。
　次に、以下の4つの組み合わせで、戦略を立てる。

　強み×機会
　強み×脅威
　弱み×機会
　弱み×脅威

　強みと機会を組み合わせた戦略は、内的に強いところに外からチャンスがやってくるのだから、「拡大戦略」になる。強みと脅威を組み合わせた戦略は、強みを発揮して外からやってくる脅威に対抗する「継続戦略」か、徐々に撤退する「縮小戦略」になる。弱みと機会を組み合わせた戦略は、弱いところに外からチャンスがやってくるのだから、チャンスを活かして弱みを克服する「改善戦略」か、徐々に撤退する「縮小戦略」になる。弱みと脅威を組み合わせた戦略は、もともと弱いところに外から脅威が迫ってくるのだから、「撤退戦略」である（表 補1-2）。

表補1-2　クロスSWOT

		強み（S） ・米が豊富にとれる ・果物や野菜がとれる ・牛を飼っている ・ミルクがとれる	弱み（W） ・料理のレパートリーが少ない ・調理法をあまり知らない ・昔ながらの料理にこだわっている ・新しい料理に抵抗がある ・識字率が低い
機会（O）	・村役場に栄養指導員がいる ・村役場に農業指導員がいる ・識字教育を行なうNGOがいる ・教授が協力隊員時代に滞在していて知り合いが多い ・「おたべ」がプロジェクトを計画している	強み×機会（拡大戦略） ・「おたべ」プロジェクトを契機に、村役場の栄養指導員による栄養指導を促進する ・「おたべ」プロジェクトを契機に、NGOによる識字教室の拠点を村につくる	弱み×機会 （改善／縮小戦略） ・栄養指導員に調理法を紹介してもらう ・農業指導員に家庭栽培の指導をしてもらう ・NGOの識字教室を村で開いてもらう
脅威（T）	・毎年、冷害がある ・塩分の多い干し魚が輸入されてくる	強み×脅威 （継続／縮小戦略） ・冷害対策を紹介して、農作物の冷害を最小限にとどめる ・果物や野菜を使ったレパートリーを増やして、干し魚を食べる量を減らす	弱み×脅威（撤退戦略） ・特になし

補遺2　代替案比較手法（財務モデル）

　プロジェクトの立ち上げ段階で、いくつかのプロジェクト案（代替案）を比較して1つに絞り込むという作業を行なう。代替案の比較の手法には、第3章で説明したとおり、数値化モデルと非数値化モデルがあり、数値化モデルには、財務モデルとスコアリング・モデルがある。第3章ではPCM（プロジェクト・サイクル・マネジメント）で用いられているスコアリング・モデルを解説したので、ここでは財務モデルを解説する。なお、以下の説明はそれぞれの手法をごく簡単に概説したものである。実際の使用にあたってはより詳細な理解が求められるので、適宜、文献等にあたってもらいたい。なお、以下の説明は、Rory Burke 氏の了解を得て、「Project Management Planning & Control Techniques」（Burke Publishing, 2003）から筆者が抜粋訳を行ない加筆修正したものである。

補遺2.1　回収期間

　回収期間（Payback Period）は、プロジェクトの初期投資を回収するのにかかる期間のこと。回収期間が短い方をプロジェクトとして選択する。たとえばともに3,500万円の工作機械を購入するとして、Aの機械であれば、製品の製造によって初期投資額（プロジェクト・コスト）3,500万円を2年で回収できるが、Bの場合は3年かかるとしたら、回収期間が短いAの機械が選ばれる。

　単純な手法なので簡便に使えるが、インフレや金利の影響が無視されるので、回収期間が長期にわたるプロジェクトには使えない。また、回収期間以降の収益が無視されるので、プロダクト・ライフサイクル全体を見渡した比較には使えない。ハイテクなどの、技術や市場の変化の激しい、短期で結果を出すプロジェクトを繰り返すような業種に向いている。

単位：万円

年	代替案 A	代替案 B
0	△ 3,500	△ 3,500
1	2,000	1,000
2	1,500	1,000
3	1,000	1,500
4	1,000	2,000
回収期間	**2年**	**3年**

補遺 2.2　投資収益率

投資した資本に対して得られる利益の割合。利益を投資額で割ったもの。

$$\text{平均年間利益} = \frac{\text{収益} - \text{投資額}}{\text{使用期間}}$$

$$\text{投資収益率 (ROI)} = \frac{\text{平均年間利益}}{\text{初期投資額}} \times \frac{100}{1}$$

単位：万円

年	代替案 A	代替案 B
0	△ 3,500	△ 3,500
1	2,000	1,000
2	1,500	1,000
3	1,000	1,500
4	1,000	2,000
収益	**5,500**	**5,500**

$$\text{平均年間利益} = \frac{\text{収益} - \text{投資額}}{\text{使用期間}} = \frac{5,500 - 3,500}{4} = 500$$

$$\text{投資収益率 (ROI)} = \frac{\text{平均年間利益}}{\text{初期投資額}} \times \frac{100}{1} = \frac{500}{3{,}500} \times \frac{100}{1} = 14\%$$

ROI が大きい方を選ぶ。上記の例では A、B ともに 14％で、ROI に関しては優劣がつかない。

ROI は回収期間と同様、単純で簡便という利点がある。また、プロダクト・ライフサイクル全期間の利益が計算されるので、回収期間の欠点であった回収期間以降の収益が無視されるという問題はない。ただし、全期間の利益をその期間で平均してしまうので、利益の発生の変動（キャッシュ・フロー）は無視される。例では A も B も ROI は 14％と同じなので、優劣がつかないが、実際のキャッシュ・フローを見ると、A の方が早い時点で大きな利益が上がるのに対して、B はあとにならないと利益が発生しない。こういった違いが ROI では考慮されない。

補遺 2.3　正味現在価値

上記の ROI で指摘した、将来のいつの時点で利益が発生するかという要素を考慮する手法として、割引キャッシュ・フロー（DCF：Discount Cash-Flow）という手法がある。今日の 100 万円の価値と来年の 100 万円の価値は違う。この違いを計算して、遠い将来の 100 万円を今日の価値に置き直して、すべてのキャッシュ・フローを「今日の価値」という 1 つの物差しで見ようというものである。DCF による代替案比較手法として代表的なものは、正味現在価値と内部収益率である。

今日の 100 万円の価値と来年の 100 万円の価値は違うというのは、今日この 100 万円を使うのを我慢して銀行に預けておけば、来年には利子がついて百数万円になっているということである。昨今の日本のように金利が低いと実感がないが、先進工業国では 2％前後の金利がふつうだし、開発途上国では十数％などざらにある。金利 10％とすると、100 万円を預けておけば来年には 110 万円になっている。

これを逆に見ると、1 年先に手に入る 110 万円を今の価値に置き直して

みると100万円の価値しかないということである。1年先の100万円は今の90万円、5年先であれば今の60万円、10年先であれば今の40万円の価値しかない。この、将来の貨幣価値を現在の価値に置き直したものが現在価値（Present Value）である。

正味現在価値（NPV：Net Present Value）は、プロジェクトが将来にわたって生み出す利益の総額を現在価値に置き直して、複数のプロジェクト案を現在価値という1つの物差しで比較してみる手法である。

割引率表

年	10%	11%	12%	13%	14%	15%	16%	17%
1	0.9091	0.9009	0.8929	0.8850	0.8772	0.8696	0.8621	0.8547
2	0.8264	0.8116	0.7972	0.7831	0.7695	0.7561	0.7432	0.7305
3	0.7513	0.7312	0.7118	0.6930	0.6750	0.6575	0.6407	0.6244
4	0.6830	0.6587	0.6355	0.6133	0.5921	0.5718	0.5523	0.5337
5	0.6209	0.5935	0.5674	0.5428	0.5194	0.4972	0.4761	0.4561

年	18%	19%	20%	21%	22%	23%	24%	25%
1	0.8475	0.8403	0.8333	0.8264	0.8197	0.8130	0.8065	0.8000
2	0.7182	0.7062	0.6944	0.6830	0.6719	0.6610	0.6504	0.6400
3	0.6086	0.5934	0.5787	0.5645	0.5507	0.5374	0.5245	0.5120
4	0.5158	0.4987	0.4823	0.4665	0.4514	0.4369	0.4230	0.4096
5	0.4371	0.4190	0.4019	0.3855	0.3700	0.3552	0.3411	0.3277

工作機械の例で、Aの機械は、初期投資が3,500万円。機械が稼働し始めて、1年目にその機械があげる収益は2,000万円、2年目は1,500万円と続いていく。この1年目、2年目といった将来の収益に割引率を掛けたものが収益の現在価値である。金利20%で計算すると以下のようになり、機械AのNPVは269万円。

機械 A の NPV

単位：万円

年	キャッシュ・フロー	割引率（金利 20%）	現在価値
0	△3,500	1	△3,500
1	2,000	0.8333	1,667
2	1,500	0.6944	1,042
3	1,000	0.5787	579
4	1,000	0.4823	482
NPV			269

同様の計算を機械Bについて行なうと、機械BのNPVはマイナス140万円。つまり、機械Bの場合、将来の収益を現在価値に置き直すと初期投資額を下回ることになり、このプロジェクトでは損失が出るということになる。当然、選ばれるのはAの機械である。

機械 B の NPV

単位：万円

年	キャッシュ・フロー	割引率（金利 20%）	現在価値
0	△3,500	1	△3,500
1	1,000	0.8333	833
2	1,000	0.6944	694
3	1,500	0.5787	868
4	2,000	0.4823	965
NPV			△140

NPVの最大の利点は、複数ある代替案を「現在価値」という1つの物差しで比較できるという点にある。また、プロダクト・ライフサイクル全期間を見渡した比較ができるうえに、キャッシュ・フローの変動が考慮されるので、回収期間やROIの欠点はこれによりカバーされる。しかし、金利やキャッシュ・フローは予測に基づくものであり、ある程度確かな予測ができないとあまり意味のない比較になるという欠点がある。

補遺 2.4　内部収益率

　内部収益率（IRR：Internal Rate of Return）とは、NPVがゼロになるときの割引率のことである。NPVがゼロになるときの割引率とは、つまり、全収益を現在価値に置き直した額が初期投資額と同じになるような割引率のこと。代替案の選択にあたっては、IRRが大きい方を選ぶ。

　IRRの計算は、NPVがゼロになりそうな割引率を複数当てはめてNPVを計算してみて、徐々にゼロになる割引率に収束させていくというやり方をする。以下に、原理を理解するために手計算の例を載せるが、実際にはエクセルなどを使って自動計算させる。

　まず機械AのIRRを求める。NPVがゼロに近くなりそうな割引率の見当をつけて、たとえば22％でNPVを計算してみると、以下のようになる。

機械A：割引率22％

単位：万円

年	キャッシュ・フロー	割引率（金利22％）	現在価値
0	△3,500	1	△3,500
1	2,000	0.8197	1,639
2	1,500	0.6719	1,008
3	1,000	0.5507	551
4	1,000	0.4514	451
NPV			149

　NPVが149万円だから、NPVをゼロに近づけるために、もうすこし高い割引率で再計算してみる。たとえば24％で計算してみると、以下のようになる。

機械 A：割引率 24%

単位：万円

年	キャッシュ・フロー	割引率（金利 24%）	現在価値
0	△3,500	1	△3,500
1	2,000	0.8065	1,613
2	1,500	0.6504	976
3	1,000	0.5245	525
4	1,000	0.4230	423
NPV			36

NPV が 36 万円なので、だいぶゼロに近づいた。割引率を 1% だけ上げて、25% で計算してみる。

機械 A：割引率 25%

単位：万円

年	キャッシュ・フロー	割引率（金利 25%）	現在価値
0	△3,500	1	△3,500
1	2,000	0.8000	1,600
2	1,500	0.6400	960
3	1,000	0.5120	512
4	1,000	0.4096	410
NPV			△18

NPV がマイナス 18 万円になった。ということは、機械 A の IRR は 24% と 25% のあいだのどこかにあるということである。

同様の計算を、今度は機械 B についてやってみる。

機械 B：割引率 18%

単位：万円

年	キャッシュ・フロー	割引率（金利 18%）	現在価値
0	△ 3,500	1	△ 3,500
1	1,000	0.8475	848
2	1,000	0.7182	718
3	1,500	0.6086	913
4	2,000	0.5158	1,032
NPV			10

機械 B：割引率 19%

単位：万円

年	キャッシュ・フロー	割引率（金利 19%）	現在価値
0	△ 3,500	1	△ 3,500
1	1,000	0.8403	840
2	1,000	0.7062	706
3	1,500	0.5934	890
4	2,000	0.4987	997
NPV			△ 66

機械 B の IRR は 18% と 19% のあいだにある。

そこで A と B の IRR を比較してみると、A は 24%〜25% のあいだ、B は 18%〜19% のあいだなので、IRR の大きい A を選択する。

NPV も IRR も、上記の計算例では一定の金利で計算したが、金利変動を織り込んだ計算も可能である。

Copyright©Rory Burke
Rights arranged with Burke Publishing
through Japan UNI Agency, Inc., Tokyo

補遺3　システム思考[*]

　本書ではプロジェクトの立ち上げツールとして PCM（プロジェクト・サイクル・マネジメント）を紹介している。PCM 手法は1つのツール（道具）である。ツールの背景には、そのツールの仕組みを成り立たせている思想がある。そして、すべての思想には限界や欠点があり、それがツールの限界や欠点となって現れる。ここでは、PCM 手法の背景思想に由来する本質的な限界と、それを補完する可能性をもったツールとして、システム思考を紹介する。

　PCM という手法を成り立たせている思想的な特徴は2つある。1つは第3章で述べた「問題解決型」である。現状は問題を解決することによって改善されると考えるのは、1つの思想である。もう1つの思想的特徴は「線形思考」である。PCM 手法では、問題の原因は何か、その原因の原因は何か、あるいは目的を達成するための手段は何か、その手段のための手段は何かといった具合に、直線的にものごとの関係を分析する。このような思考法を線形思考と呼ぶ。さらに PCM 手法では、できあがった目的系図の一部を「手段―目的」の縦の関係を保ったまま切り取ってプロジェクトにする。こういったアプローチを部分最適化と呼ぶ。まとめると、PCM 手法は、線形思考に基づく部分最適化を行なうアプローチということになる。

　この場合、できあがったプロジェクトを見ると、その限りにおける論理的な整合性はとれている。しかし、目的系図の全体を見ると、プロジェクトが対処するのはあくまでも問題の一部分でしかなく、それ以外のところは現状のまま取り残される。そのため、全体の問題解決、あるいはより高いレベルの問題解決は期待できない。

　さらに問題なのは、プロジェクトとして取り上げられた問題領域と取り上げられなかった問題領域の横同士の関係が無視されていることであ

---

[*]　本節は東京家政学院大学研究報告書「ジェンダー視点に立った PCM 研修事例の開発」（2008 年3月）の再録である。

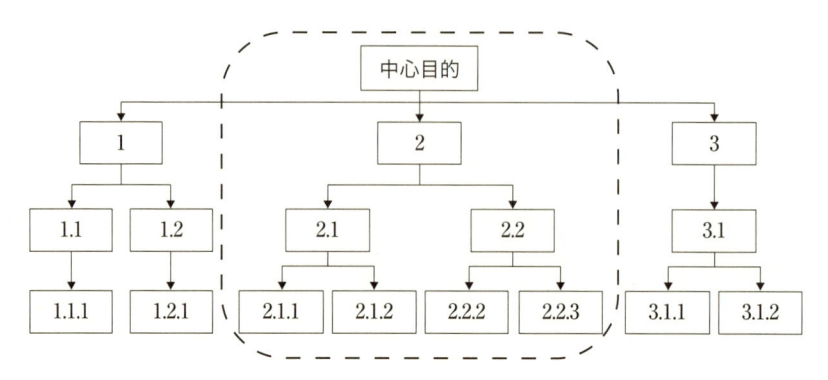

図 補3-1 線形思考に基づく部分最適化としてのプロジェクトの選択

　る。たとえば、図 補3-1の問題領域1が畑作関係、2が水田関係といった具合に、1と2が水という限られた資源を共有している場合、一方をプロジェクト化することは、残された方の資源を圧迫することになる。しかし、そのような関係は系図には表されない。このように、部分最適化は、全体最適をもたらさないだけでなく、他の部分に負の影響を及ぼす可能性を含んでいるのである。

　このようなPCM手法に対して非常に好対照なのがシステム思考である。システム思考は非線形思考に基づく全体最適化を目指すアプローチである。

　言うまでもなく、世の中の事象は直線的な関係だけで成り立っているわけではない。ものごとは相互に影響しあい、多くのものは循環的な関係にある。このような関係を、直線的なツリー構造としてではなく、循環的なウェブ構造としてとらえようとする考え方を非線形思考という。そして、現状の構造の全体像をとらえ、循環構造を利用して全体を改善しようとするアプローチを全体最適化という。

　この、非線形思考によって循環構造を明らかにし、事象の全体を1つの構造（システム）としてとらえ、全体最適化を図るための代表的な手法がシステム思考である。システム思考では、「時系列変化パターングラフ」というツールを用いて過去から未来までの変化のパターンを確認し、「ループ図」というツールを用いて問題の構造（システム）を図化し、「シ

図 補3-2　ループ図

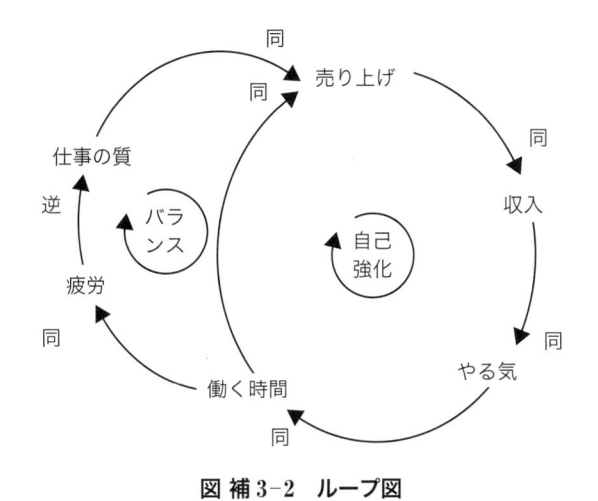

ステム原型」という、世の中の事象に共通して見られる問題構造の基本パターンを参考にして、小さな力で大きな変化を起こすための介入ポイント、レバレッジ・ポイントを見つけ出す。

　このように、システム思考は PCM 手法の弱点を補う優れた手法であるが、システム思考にもツールとしての限界がある。

　まず、システム思考には PCM に特徴的なプロジェクト指向性がない。システム思考は主に現状分析から現状の改善点を見つけるところまでをカバーしているが、プロジェクトの計画、実施、評価のためのツールは用意されていない。そのため、プロジェクトとして事業化するためには、別途プロジェクトマネジメントのツールを用いる必要がある。

　また、システム思考には、適切な介入ポイントと介入策を導き出す仕組みがツールして組み込まれていない。そのため、問題の解決策を考え出すことが難しい。PCM 手法は、目的分析の段階で、問題系図を裏返すことによって問題の解決策を導き出す。これは一種の強制発想法であり、これによって問題の解決策が容易に導き出されるしかけになっているが、システム思考にはそれに相当するものがない。筆者らは、異なる 2 つのグループに、一方は PCM 手法で、もう一方はシステム思考で同じ事例を分析し

てもらうという実験を行なったことがある。グループのメンバーや分析作業にかけた時間が異なるので単純な比較はできないが、PCM手法で分析した方が問題解決のための手段は数多く考え出された。

　また、システム思考の場合、多くの要素が複雑に絡み合っている現状の全体をそのままウェブ構造として図化するため、分析の理路がわかりにくいという難点がある。PCM手法では、「原因－結果」、「手段－目的」といった、誰にとってもわかりやすい単純な論理に基づいて分析がなされ、そのことが説明責任と透明性の確保を容易にしている。

　もっとも、この2つの手法は、基本的な考え方が対照的であるために、一方が長所とするものが、他方から見ると短所になることもある。たとえば、PCM手法の方が問題の解決策を導き出しやすいという点については、システム思考側から見れば、線形思考に基づいた部分最適化のための解決手段が数多く考え出されても意味はない、ということになるであろう。また、PCM手法の分析が論理的でわかりやすいという点については、それこそが線形思考に基づく過度な単純化であるという批判が成り立つであろう。

　PCM手法とシステム思考の比較は、2つの対照的な思想の比較研究をともなう、大きなテーマである。また、実践・実務を考えたとき、2つの手法をどのように、補完的に、あるいは代替的に用いるべきか、今後の研究の進展が待たれるところである。

補遺4　リスクの例

要員リスク
必要なときに主要な要員を確保できない
必要なときに主要なスキル保有者を確保できない
プロジェクト期間中に主要な要員を失う
下請けが成果を上げず、任務を遂行できない
設備リスク
必要な設備・機材が期限内に納品されない
機器の故障
顧客リスク
顧客の（人的）資源が必要な時に確保できない
顧客がタイムリーに意思決定を下さない
成果物の検収がスケジュールどおりになされない
知識・経験豊かな顧客要員が、経験不足の顧客要員と交代する
顧客とのプロジェクト経験が浅いため、顧客との関係を築くのに時間がかかる
顧客側の組織内でプロジェクトへの要求度や実現度に意見の相違があり、プロジェクト遂行の障害になる
責任の所在と上層部へのエスカレーションが不明瞭であるため、問題解決に支障をきたす
プロジェクト効果が定量化されていない
成果物への顧客の期待度が、技術的な性能を超えている
スコープ・リスク
スコープの定義が曖昧であるため、大量のスコープ変更が発生する
スコープの定義が曖昧であるため、顧客側でスコープに対する意見の相違が生じる
スコープ変更がプロジェクト管理者の知らないところで行なわれる
受け入れ基準の定義が曖昧なため、受け入れ承認が遅れる
急いで作成された見積もりや、検証されなかった見積もりで、プロジェクトが計画どおりに遂行できない
技術リスク
技術的あるいは技術の性能の制限により、プロジェクトに支障をきたす
技術的に構成要素が簡単に統合できない
実証されていない技術であるため、顧客やプロジェクトの要求事項を満たせない
技術が新しいものであるため、プロジェクト・チームに知識が不足しており、導入が遅れる
物理的リスク
オフィスが火事、洪水、その他の災害によって破壊される
チームメンバーが分散しているため、コミュニケーションがうまくとれず、間違いを引き起こす
チームメンバーがプロジェクトの機密資料を盗み出し、顧客の競争相手に引き渡す
マネジメント・リスク
経験不足のプロジェクトマネジャーであるため、予算やスケジュールを守れない
会社の管理者が、プロジェクトの資源面や注目度で優先度を低いものにしている

「プロジェクトマネジメントオフィス・ツールキット」（株）テクノ、2005 より

補遺5　所要期間見積もり（3点見積もり）とリスク

本書第4章では、スケジューリングにおける所要期間見積もりを1点見積もりで説明したが、ここでは3点見積もりを紹介する。なお、確率論を用いる3点見積もりは、確率論的問題であるリスク管理に深くかかわっている。ここでも、3点見積もりとリスク管理の関係を簡単に紹介する。所要期間の3点見積もりは、楽観値、最頻値、悲観値の3つの値の加重平均を見積もって所要期間とする手法である。

楽観値（O：Optimistic Duration）　：「うまくいけばこれくらいでできるだろう」という期間
最頻値（M：Most Likely Duration）　：「過去の経験からするとこれくらいだろう」という期間
悲観値（P：Pessimistic Duration）　：「へたをするとこれくらいかかるかもしれない」という期間
期待値（E：Expected Duration）　：O、M、Pの加重平均

所要期間の発生確率の分布は、通常、ベータ分布としてあつかう。予想より早く終わることは少なく、予想よりも遅く終わることの方が多いため、所要期間の短い左側のカーブが急になり、所要期間の長い右側のカーブがなだらかになるのである。ベータ分布における期待値（E）を求める式は以下のようになる。

$$E = (O + 4M + P)/6$$

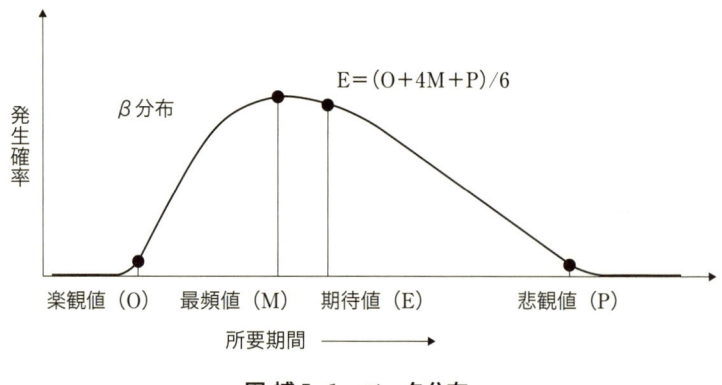

図 補5-1　ベータ分布

たとえば、ある作業の所要期間見積もりの楽観値（O）が5日、最頻値（M）が8日、悲観値（P）が20日だとすると、期待値は以下のようになる。

$$E = (5 + (4 \times 8) + 20)/6 = 9.5 日$$

したがって、この作業の所要期間は9.5日として見積もればよい。

PERTによる3点見積もりでは、すべてのプロジェクト作業についてこのような3点見積もりを行なってプロジェクト全体の所要期間を求める。さらに、それらの分散と標準偏差を求めて、プロジェクトがその期間内に収まる確率を計算する。ここで求められた確率は、スケジューリングだけではなく、リスク管理にも用いられる。なぜなら、プロジェクトがその期間内に収まる確率が求められるということは、その期間内に収まらない確率も求められるということであり、これはすなわち、スケジュール超過というリスクが発生する確率を示しているからである。

図補5-1の曲線の下の面積は、その日までに作業が終わる確率の累積を表している。期待値（E）は、その位置より左側と右側の面積が等しくなる点、つまり5分5分の確率で起こる作業所要期間である。先の例では9.5日という日数を求めたが、9.5日で見積もることは実は5分5分の賭けなのだ。また、多くのプロジェクトが、「うまくいけばこれくらいでできるだろう」という値で見積もられがちだが、これは楽観値（O）で見積もるということである。図を見てもらいたい。楽観値（O）の確率は、ゼロではないが、限りなくゼロに近い。楽観的な見通しで見積もることがいかに馬鹿げたことか、図を見ればただちに理解してもらえるだろう。

では、どうすればよいのか。残念ながらここから先は、入門書である本書の範囲を超えている。興味のある方は、PERT／CPM、およびスケジューリングに関する文献にあたってもらいたい。

あ と が き

　あるアフリカのZ国の政府職員と日本の援助機関の担当者との国際協力に関する会議でのやり取り。「日本に援助してほしい分野は、そうですね……、病院をつくってほしい。学校もつくってほしい。あと道路もつくってほしい。とにかくインフラが不足しているんです」とZ国の政府職員。「そうは言っても病院はこれまでたくさん援助でつくられてきましたし、学校もつくられてきましたが、多くは機能していません。それを使う人材や制度をどうにかしないと効果はありませんよ」と日本の担当者。「そうですね。では、人材育成ということで、欧米の大学で修士や博士課程を政府職員に取得させてもらえないでしょうか」とZ国の担当者。「いや、高学歴の学位をとることと実務は違うのではないでしょうか。そもそも日本の税金を使って、欧米の大学で勉強させるなんて……わが国の国益になりませんので無理ですよ」と返す日本の担当者。困惑と沈黙。この両者が合意するまでには、これから長い道のりが必要なようです。

　上記の会話は多少の誇張はありますが、実際に著者が経験した国際協力の現場で見聞きされることです。国際協力と言うと、いつも援助側が感謝されるものと思っている人もいるかもしれませんが、実際は、思想や文化の違う相手との交渉が必要で、その中で援助側と被援助側との思惑がぶつかることがあります。その中で妥協を見出し、単純な「妥協」から効果的な「協調」に高めていかないといけません。これは国際協力だけでなく、グローバル時代と言われる現代社会全般に共通することです。インターネットや交通網が発達し、世界が狭くなったとしても、それは皆が「アメリカ化」または単一の価値に集約するのではなく、反対に同じ土俵で「多様な価値」が混在することを認めざるをえない時代になりました。ただ、多様な思想や文化を互いに認めるだけでは進歩はありません。その違いを組みあわせて、新しい価値を創出することのできる人材、それこそ「グローバルな人材」が必要となってきているのです。

それは現代日本にも通じるものでしょう。生活が便利になるにつれて、趣味嗜好は細分化し、多様な価値が認められています。「日本人だからこうあるべき」「男だから」「女だから」という枠組みに縛られなくなったということは、21世紀日本が自由な国になったということでしょう。一方で、その多様な価値が許される世界においてプロジェクトをマネジメントするためには、1人の計画者が計画をつくれば終わりというわけにはいきません。また計画段階で合意がされたとしても、実施の段階や評価の段階でもさまざまなアクシデントが発生し、その中で多様な価値を組み入れながら判断をすることが必要になってきます。つまり、グローバルで活躍できる人材は、何も海外だけでなく、日本国内でも必要になってきていることになります。

　本書では、そのようなグローバルな人材が身につけておくべき、プロジェクトマネジメントの考え方やツールを広く網羅しました。読み終えた感想はいかがでしたでしょうか？　読者の中には、本書の範囲の広さや情報量に愕然とした方もいらっしゃるかもしれません。通常の（単調な）プロジェクトマネジメントでは、プロジェクトの目的はすでに既知のもので、「計画」のツールの紹介が主になります。一方で、本書は、「計画」の前段階の「立ち上げ」にも多くを割いており、また計画後の「実施」「終結（評価）」といった段階も計画と同様の質量を割り当てています。さらに、プロジェクトを超えた「プログラム」のマネジメントや、複数のプロジェクトを総合的な視点でマネジメントするための組織的マネジメントについても触れられています。これだけの広範囲な領域をカバーしたのは、日本の将来を支えるグローバルな人材は、通常の単調なプロジェクトマネジメントの範囲を超えた領域の知識やツールを知っておく必要があると考えたからです。

　たとえば前述のZ国と日本国との平行線をたどる交渉ですが、本書の「立ち上げ」の部分を読んだ読者であれば、「ここはニーズ把握に関係者分析が使えるかな」とか「目的分析で整理してみよう」とか解決策がいくつか浮かぶはずです。また使われなくて失敗してしまった病院プロジェクト

の例では、本書で紹介した「ログフレーム」で整理してみると、より包括的なプロジェクトに改善することも可能となります。また、日本側が主張する人材育成のためのプロジェクトですが、一方でインフラの整備も必要です。このような複数のプロジェクトを整理・統合・管理するには本書の最終章にある「プログラムマネジメント」や「組織的マネジメント」の知識・ツールが参考になるでしょう。さらに応用として、「チームビルディング」で紹介した性格タイプ別対応を活用することで、このような難しい交渉を冷静にかつ有効に進められる可能性が高くなります。

　本書がカバーする領域は本当に広いもので、一朝一夕に理解できるものではないでしょう。お薦めするのは、上記のように実際の事例に当てはめて、この知識やツールをどう使ったらいいだろうか、と考えながら学習することです。ここで紹介した知識やツールがすべてのケースで使えるものではありませんし、また部分的に使えるところと使えないところがあることでしょう。それを判断するのが読者のみなさんです。そして実際のプロジェクトに部分的にでも使ってみることで、知識を実践して試してみてください。その実践を通じた能動的な学習こそ、プロジェクトマネジメントを本当の意味で「身につける」ことができる近道です。

　著者たちも日々の現場でのプロジェクトマネジメントの実践を通して、自分なりのプロジェクトマネジメントを身につける努力をしています。著者たちを含むプロジェクトマネジメントの実践者は、実践における成功や失敗を通して、知識・ツールの改善を繰り返しています。その中で、時代に合った新しい知識・ツールが生まれていきます。グローバル時代の経済社会が日々ダイナミックに進化をするように、プロジェクトマネジメントも日々の進化を続けていくのです。それはわれわれ人間も同じです。本書を通じて、グローバルな時代を生きる読者のみなさんの日々の進化（成長）に少しでも貢献することができれば、われわれのこの上ない喜びです。

2013年2月　ルサカにて

三好　崇弘

索 引

アルファベット

C

CPM (Critical Path Method)... 28, 80-86, 115, 117, 222-223

E

EVM (Earned Value Management).. 156

I

if-and-then 58-59
if-then 47, 48, 56-58

M

MBWA (Management By Walking Around) 101

O

OBS (Organization Breakdown Structure) 72-73
OJT (On the Job Training)..... 28, 134, 169-170

P

PCM (Project Cycle Management)...9, 14, 27-29, 31, 37, 38-62, 67, 101, 109-111, 217-220
PDCA サイクル..... 20-22, 153, 157, 163
PDM 28, 78-80
PERT 80, 223
PMBOK®........... 9, 12, 17, 18, 23, 54

PRA (Participatory Rural Appraisal)... 31, 37

S

single point of responsibility.... 19-20, 98
SWOT................. 37, 38, 206-208

T

TOR (Terms Of Reference)........28, 125, 128, 134

W

WBS (Work Breakdown Structure)... 28, 29, 49, 64, 66-73, 75-78, 84-85, 95-97, 104, 109-110, 114, 115, 117-119
WBS コード.......... 66-67, 78, 81-83

かな

あ

依存関係.................. 79, 86-88
1点見積もり 74, 80, 222
インセンティブ........... 131, 132, 133
インパクト (評価5項目)........ 13, 55, 105, 151, 153, 160, 174-175, 199
往路分析........................ 82

か

回収期間............. 52, 209-211, 213
改善活動...........159-160, 162-163
外部条件 (ログフレーム).......54-55, 58-59, 61, 105-106, 146-148, 196

活動（ログフレーム）......40, 45, 54-61
活動（WBS）..................66-70
活動計画表（Plan of Operation）.....28,
　　109-111, 118, 119, 124, 144, 146, 151,
　　158, 159
活動実施者......................111
関係者分析........28, 39, 40-44, 45, 124,
　　126, 149-150, 157, 168, 169, 189-190,
　　194, 226
間接費..........................94
ガント・チャート..................86
機会発見型.................37-38, 206
期待値.......................222-223
既知の未知...................94, 103
教訓（プロジェクト評価）......22, 29,
　　167, 173, 178, 179, 181
クラッシング.....................17
クリティカル・パス.........28, 80-87
クロスSWOT..................208
計画達成度調査表.......28, 173, 176-177
計画の顕在化................144-145
係数見積もり.................75, 95
経費..............97, 111, 119, 156
原因一結果...........40, 44-46, 220
権限移譲........28, 169-170, 171, 172
研修.......28, 134, 169-170, 171, 172, 193
合意....................163, 179, 180
工数.......................73-77, 85
効率性（評価5項目）13, 160, 174, 175, 177,
　　199
5項目評価調査表......28, 173, 176-177
心のログフレーム.............157-159
コスト見積もり..28, 29, 87, 94-97, 103, 110
コミュニケーション計画28, 29, 64, 97, 99-
　　101
コンティンジェンシー予備......94, 108

さ

最早開始日（ES）.............81-86
最早終了日（EF）.............81-86
最遅開始日（LS）.............81-85
最遅終了日（LF）.............81-86
最頻値..................74, 222-223

財務モデル...............52-53, 209
作業順序................29, 71, 77, 86
作業スケジュール..........29, 87, 88, 90,
　　91, 92, 93
作業負荷の平準化............90, 92, 93
参加型.............6, 30-32, 38, 65, 69,
　　131, 133, 159, 168, 194
3点見積もり............74, 80, 222-223
資機材....22, 66, 71-73, 89, 94, 97, 111, 176
事業部制組織（カンパニー制）.....129
資源.................22, 27, 49, 50, 51, 53,
　　55, 59, 66, 70, 89, 218, 221
資源の平準化..................89, 91
資源ヒストグラム............28, 89-93
システム思考................217-220
持続性（評価5項目）.....13-16, 26-27,
　　28, 60, 160, 166-170, 174, 175, 199
実施体制...28, 115, 117, 123-124, 126-127,
　　129-130, 134, 143, 148
実施体制図...........28, 126-127, 146
指標（ログフレーム）...55, 57-58, 61, 102,
　　116, 151, 176, 177, 193, 195-196
指標入手手段（ログフレーム）...55, 58,
　　61, 102, 176, 177, 196
終結条件..................180-181
終結プロセス.....29, 160, 166-168, 171,
　　173, 179
集約化..........118-119, 123-125, 158
手段一目的..40, 47, 48, 49, 56, 188, 217, 220
上位目標（ログフレーム）.........7, 51,
　　53, 55, 56-57, 59, 61, 105, 120-121, 144,
　　148, 174-175, 187-193, 196-197
詳細分析（関係者分析）.......41, 42, 45,
　　149-150
正味現在価値...............52, 211-213
職能的組織.....................129
職務記述書（TOR）.....28, 125-126, 128
所要期間見積もり......28, 73, 74, 222-223
自立発展性（評価5項目）....持続性参照
人員配置..................64, 110, 201
人的資源計画..............87, 88-90
シンプルSWOT..................206
スーパーゴール................7, 196
数値化モデル..............52-53, 209

索 引 231

スケジューリング......64, 67, 71, 73, 79, 87-88, 89, 222-223
スケジュール....28, 65, 71, 84, 86-89, 91, 95, 104, 109-111, 117, 157, 221, 223
スコアリング・モデル......50-53, 209
ステークホルダー..............18, 22, 23, 27, 30, 37, 39-42, 60, 62, 69, 100, 117, 123, 126, 157, 166, 168
成果（ログフレーム）.......40, 45, 54-57, 59-61, 64, 65, 88, 102, 105, 114, 116-120, 144-148, 152, 153, 167-168, 175-176, 185, 195, 199
責任者...19, 72, 75, 85, 111, 126, 127, 182, 186
責任分担表...............28, 124-127
説明責任..................9, 179, 220
先行作業..............77-81, 84-85, 87
全体最適化......................218
前提条件（ログフレーム）..55, 59, 61, 105, 147, 148
戦略的組織運営..................186
戦略的プログラム化...............193
組織的プロジェクトマネジメント..199-200
組織の育成..............168, 170-171

た

ターゲットグループ...41-42, 45, 50-51, 53, 55, 61, 116, 123, 166
代替案..........28, 49-53, 60, 209-214
代替指標......................57-58
立ち上げ...........7, 21-28, 36-38, 60, 62, 64, 65, 67, 105, 109, 114, 126, 133, 149, 167, 194, 206, 209, 217, 226
妥当性（評価5項目）......13, 160, 174, 199
段階的詳細化...............14-15, 88
チームビルディング....28, 115, 137-138, 171, 227
中心目的.........................48
中心問題...................44-45, 194
直接費...........................94
提言（プロジェクト評価）.........162
定常業務..........12-13, 15-17, 115, 172-173, 184, 186, 200

定性的リスク分析.........103-104, 106
定量的リスク分析.........103-104, 108
動機づけ.................28, 130-143
投資収益率..............52, 210-211
投入（ログフレーム）..........14, 27, 40, 54, 55, 59, 60, 61, 120-121, 123, 144-148, 153, 158, 175-177, 196, 198-199
透明性..........................220
独自性.......................15, 25
トップダウン見積もり.............95
トリガー・ポイント..........108-109

な

内部収益率..............52, 211, 214
内部評価..................160, 162
なぜ―なぜなら....................46

は

バーチャート....28, 86-88, 89, 90, 91, 110
ハーツバーグの動機づけ―衛生理論..136
8／80ルール（80時間ルール）.......69
パラメトリック見積もり...........95
比較基準（プロジェクトの選択）..49-53, 60
悲観値..................74, 222-223
ビジョニング.........28, 65, 116-117, 121, 187, 188
ビジョン....28, 115, 116-117, 121, 168, 187
非数値化モデル..........52-53, 209
評価（プロジェクト／プログラムの）......5, 8-9, 13-14, 21, 22, 26-29, 74, 133, 160-162, 173-179, 185, 194, 198-199, 219, 226
評価5項目........13, 16, 26, 50, 60, 174, 176, 198-199
評価用ログフレーム....28, 173, 174-178
不確定要素........14, 22, 29, 88, 94, 101
復路分析.....................82-83
部分最適化.............217-218, 220
ブルームの期待理論...............137
プレシデンス・ダイアグラム法（PDM）...28, 78-80, 81

フロート..............80-81, 83-88, 90
プログラム........... 186-200, 203, 226
プログラムマネジメント ...186-187, 227
プログラム・ログフレーム..... 195-198
プログラムのモニタリング .194, 197-198
プログラムの評価............ 198-199
プログラム化活動............ 191-193
プログラム化分析...........189, 190
プログラム関係者分析............ 189
プログラム目標... 187-189, 192, 194-200
プロジェクト・スコープ記述書.... 14, 37, 39, 54, 116, 117
プロジェクト・ライフサイクル・マネジメント 27-28
プロジェクトチームメンバー.......28, 65, 69, 88, 95, 97-98, 114, 117, 119-121, 123, 126, 153, 171, 182, 221
プロジェクトの要求事項........17, 221
プロジェクトの選択.........28, 39, 40, 49, 51-53, 56, 60, 218
プロジェクトの要約（ログフレーム）...55, 56-59, 61, 102
プロジェクトマネジメント・オフィス（PMO） 199-203
プロジェクトマネジャー... 19-20, 30, 70, 97-99, 101, 116-123, 127, 128, 132-134, 142-143, 158-159, 161, 163, 221
プロジェクト関係者...ステークホルダー参照
プロジェクト組織................ 129
プロジェクト目標（ログフレーム）....7, 55-57, 59, 60-61, 64-67, 105, 116-117, 119-121, 144-148, 152, 160, 174-176, 181, 186-190, 192
プロダクト・ライフサイクル.....25-26, 209, 211, 213
分割化.................119, 123-125
変更管理................ 115, 144, 157
ポイント・オブ・マネジメント .28, 119-121
包括的マネジメント............... 184
ホーソン実験.................... 130
ボトムアップ見積もり............. 95

ま

マイルストーン................118, 132
マグレガーのXY理論........ 135-136
マズローの欲求段階説............ 135
マトリックス組織................. 129
マネジメント予備..............94, 108
未知の未知....................94, 103
ミッション................. 187-188
目的系図........40, 46-51, 56, 58, 67, 109, 191, 195, 217
目的分析... 28, 39, 40, 46-49, 195, 219, 226
モニタリング..5, 8, 9, 28, 58, 101, 115, 117, 143-151, 153-154, 156-157, 159, 160, 169, 170, 192, 194, 197-198, 201, 202
モニタリング・サイクル........... 144
モニタリング・システム.... 28, 101-102, 148-153, 154
問題解決型......... 37-38, 39, 206, 217
問題系図................40, 44-47, 219
問題分析... 28, 39, 40, 42-43, 44-45, 48, 194

や

山ならし........................ 91
有期性............. 12-13, 15, 21, 166
有効性（評価5項目）........13, 160, 174, 175, 199
予備費......................... 94
4／40ルール（40時間ルール）....... 70

ら

ラインアンドスタッフ組織........ 129
ライン組織..................... 129
ラグ......................... 79-80
楽観値...................74, 222-223
リード....................... 79-80
リスク.. 14, 22, 28, 29, 37, 40, 41, 50-51, 53, 55, 58, 62, 66, 94, 101-109, 115, 117, 221, 222-223
リスク・マネジメント計画..... 103, 104
リスク管理計画..22, 28, 29, 64, 101-110
リスク管理計画表............ 108-109

リスク識別 103, 104-106, 109
リスク対応計画 103, 104, 108-109
類推見積もり 75, 95
ループ図 218-219
ローリングウェーブ 14, 28, 121-122
ログフレーム 14-15, 28, 38-39, 40,
 54-62, 105-107, 109-110, 114, 116-
 120, 122, 123, 124, 126, 144, 145, 146-
 148, 151, 157-159, 173-178, 180, 187,
 195-198, 227
ロジカルフレームワーク（ログフレーム）. . 38

わ

ワークショップ 6-7, 30-32, 118,
 133, 162, 171, 172, 188, 194

執筆担当

はじめに		大迫
第1章	プロジェクトマネジメントを学ぶ意義	關谷
第2章	プロジェクト・ライフサイクル・マネジメント	大迫
第3章	立ち上げ	大迫
第4章	計　画	大迫
第5章	実　行	三好
第6章	終　結	三好
第7章	包括的マネジメント	三好
補　遺		大迫
あとがき		三好

著者紹介

關谷　武司（せきや・たけし）
関西学院大学国際学部教授
学術博士
NPO法人国際協力アカデミーひろしま代表理事

大迫　正弘（おおせこ・まさひろ）
NPO法人PCM Tokyo理事長、（有）ネフカ 代表取締役
開発コンサルタント
PMI認定PMP、FASID認定PCMモデレーター

三好　崇弘（みよし・たかひろ）
NPO法人PCM Tokyo理事、（有）エムエム・サービス 代表取締役
開発コンサルタント
PMI認定PMP、FASID認定PCMモデレーター

NPO法人PCM Tokyo：http://www.pcmtokyo.org/
PMI：Project Management Institute, US
PMP：Project Management Professional
FASID：財団法人国際開発高等教育機構
PCM：Project Cycle Management

グローバル人材に贈るプロジェクトマネジメント

2013 年 7 月 10 日初版第一刷発行

著　者　　關谷武司　大迫正弘　三好崇弘

発行者　　田中きく代
発行所　　関西学院大学出版会
所在地　　〒 662-0891
　　　　　兵庫県西宮市上ケ原一番町 1-155
電　話　　0798-53-7002

印　刷　　協和印刷株式会社

©2013 Takeshi Sekiya, Masahiro Oseko, Takahiro Miyoshi
Printed in Japan by Kwansei Gakuin University Press
ISBN 978-4-86283-139-2
乱丁・落丁本はお取り替えいたします。
本書の全部または一部を無断で複写・複製することを禁じます。
http://www.kwansei.ac.jp/press